Viel dunklere Tage

Andrew Lang

Writat

Diese Ausgabe erschien im Jahr 2024

ISBN: 9789359941295

Herausgegeben von
Writat
E-Mail: info@writat.com

Inhalt

VORWORT

Die Überzeugung, dass moderne Weihnachtsromane zu fröhlich im Ton, zu künstlerisch im Aufbau und zu originell in den Motiven seien, hat den Autor dieser Geschichte über das Leben der Mittelklasse inspiriert. Er ist davon überzeugt, dass er zumindest den von ihm beklagten Fehlern entgangen ist und ein Beispiel für einen zeitgemäßeren und aufsehenerregenderen Erzählstil gesetzt hat.

KAPITEL I.
Der Fluch (registriert).

WENN diese Geschichte meines Lebens oder Teile davon, die nicht als völlig ungeeignet für die Veröffentlichung gelten, gelesen wird (und zweifellos wird ein Publikum, das „Scrawled Black" verschlingt, fast alles ertragen), wird man feststellen, dass ich Ich habe manchmal ohne große Vorsicht gehandelt – dass ich tatsächlich in Verbrechen versunken bin. „Stillicide" und „Chaos I" (seltene alte Verbrechen!) sind für *mich* ein Kinderspiel , die ich „im Nachhinein nur ein Beiwerk" war! Als Entschuldigung kann ich mich nur auf zwei Dinge berufen: die hervorragende Gelegenheit dazu und die Schwäche des Widerstands, den mein Opfer geleistet hat.

Wenn Sie das nicht zulassen können, werfen Sie das Buch aus dem Waggonfenster! Sie haben Ihr Geld bezahlt, und das Urteil über Ihre blasse Moral oder Ihren absurden Sinn für Kunst in der Fiktion ist mir daher völlig gleichgültig. Du bist zu engelhaft für mich; Ich bin zu teuflisch für dich. Lassen Sie uns einer Meinungsverschiedenheit zustimmen. Ich sage nichts über meine Kindheit. Vor fünfundzwanzig Jahren ein armer Junge – aber egal. *Ich* war dieser Junge! Ich beeile mich zu der aufstrebenden Zeit des Mannesalters, „wenn die Kraft, die Nerven, der Intellekt auf ihrem Höhepunkt sind oder sein sollten", oder auf *ihrem* Höhepunkt *sind* oder sein sollten , wenn Sie in einem Weihnachtsjahrbuch die Grammatik beherrschen *müssen* . *Meine* Nerven waren auf dem Höhepunkt: Ich war dreißig.

Doch was war ich damals? Ein elender, mondsüchtiger Sterblicher, der berechtigt war, MD (von Tarrytown College, Alaska) hinter seinen Namen zu schreiben – denn der Titel Doktor ist in diesem Beruf nützlich –, aber ohne andere Quelle der Freude oder emotionalen Erholung in einer kalten, lässigen Welt. Oft und oft habe ich MD hinter meinen Namen geschrieben, bis die glühende Freude verblasste und ich zurücksank und fragte: „Hat das Leben denn nicht mehr als dies zu bieten?"

Haben Sie Geduld, wenn ich noch so viele Seiten lang so schreibe. Haben Sie Geduld, das Schreiben ist so einfach, und nur so kann ich hoffen, Ihnen mein späteres und etwas eigenartiges Verhalten verständlich zu machen.

Wie selten war die Schönheit der Frau, die ich verloren habe – deren Verlust mich in den Zustand gebracht hat, den ich hier zu beschreiben versuche!

Wie seltsam war ihre reiche Schönheit! Sie war dunkel und hell zugleich – *la blonde et la brune* ! Was für ein Unterschied zu den gefleckten Mädchen und den zweiköpfigen Nachtigallen, die ich oft ausgestellt gesehen habe, und auch zum Geldziehen, als Arten körperlicher Unvollkommenheiten! Warmes

Südstaatenblut glühte dunkel in einer von Philippas Wangen – der linken; Die blasse teutonische Anmut lächelte auf der anderen Seite – der rechten Seite. Ihre Mutter war eine hellblonde Engländerin, aber es war Old Calabar, die ihrer Tochter diese Locken aus Zobelwolle schenkte, die einen so wunderbaren Kontrast zu ihren seidengoldenen Locken bildeten. Ihre englische Mutter mag Philippa viele erlesene Gnaden verliehen haben , aber ihr klassisches Profil hat sie von ihrem Vater, einem reinblütigen Neger, geerbt.

Tatsächlich war Philippa ein natürliches Arrangement in Schwarz und Weiß. Von der einen Seite betrachtet schien sie die Venus der Goldküste zu sein, von der anderen überstrahlte sie die hellenische Aphrodite. In jeder Hinsicht war sie eine außerordentlich attraktive Ergänzung der Ausstellung und Menagerie , die ich damals in den Midland Counties leitete.

Ihr Vater, dessen Art der Beschäftigung ich nie für nötig gehalten hätte, näher zu erforschen, war Seekoch an Bord eines Halbinsel- und Ostdampfers. Aufgrund seines Berufs war es ihm daher nicht möglich, in diesem oder einem anderen Land seinen ständigen Wohnsitz zu haben.

Unser erstes Treffen verlief auf sehr prosaische Weise. Ihre Mutter befragte mich professionell über Philippas Aussichten. Wir konnten uns damals nicht einigen. Ich dachte, ich könnte eine vorteilhaftere Vereinbarung treffen, wenn Philippas *Herz* berührt würde, wenn sie mir gehören würde. Aber sie liebte mich nicht. Außerdem war sie ehrgeizig; sie wusste, was man ihr nicht vorwerfen konnte, wie einzigartig sie war.

„Tatsache ist", bemerkte sie, wenn ich sie drängte, „Tatsache ist, dass ich mehr aussehe als ein bloßer Schausteller, selbst wenn er MD hinter seinen Namen schreiben kann." Philippa verließ die Tournee bald, „um sich zu verbessern".

Kurz darauf teilte mir ein Telegramm mit, dass sie Waise sei. Ich flog zu ihrer Unterkunft in einer ruhigen, anständigen Straße in der Nähe des Ratcliff Highway. Sie äußerte die Absicht, einige Zeit hier zu bleiben.

„Aber allein, Philippa?"

(Sie war erst achtunddreißig).

„Nicht so sehr allein, wie Sie vermuten", antwortete sie schelmisch.

Das hätte mich warnen sollen, aber ich drängte erneut leidenschaftlich auf meine Bitte. Ich habe die attraktivsten Anreize angeboten. Eine Zeile zu sich selbst in den Rechnungen! Alles gefunden!

„Basil", bemerkte sie und errötete auf ihre übliche halbherzige Art, „du bist einen Tag nach der Messe."

„Aber es gibt viele Messen", rief ich, „die wir alle regelmäßig besuchen." Was kannst du meinen? Hat noch einen –"

„Er hev ", sagte Philippa zurückhaltend, aber bestimmt.

'Du bist verlobt?' Sie hob ihre schöne Hand und zeigte mir gerade einen goldenen Hochzeitsreif, als sich die Tür öffnete und ein auffallend gutaussehender Mann von etwa vierzig Sommerjahren eintrat.

In seinem Gesicht stand etwas geschrieben (eigentlich eine dunkle Prellung unter dem linken Auge), das mir sagte, dass er kein reiner und hochbeseelter christlicher Gentleman sein konnte.

„Basil South, MD", sagte Philippa und stellte uns vor. 'Herr. „Baby Farmer" (offensichtlich ein Name der Zärtlichkeit), und wieder kroch eine rosige Röte um ihren Hals in der üblichen teilweisen Art und Weise, was einen ihrer eigenartigsten Reize ausmachte.

Ich verbeugte mich mechanisch und verließ das Haus unter ein paar unordentlichen Bemerkungen über das Wetter als der enttäuschteste Schausteller Englands.

„Cur, Schleicher, Feigling, Bösewicht!" Ich zischte, als ich sicher war, dass ich außer Hörweite war. „Leb wohl, leb wohl, Philippa!"

Um die Erinnerung und das Bedauern zu übertönen, blieb ich in der Stadt und bemühte mich auf eine Weise, die Moralisten „Fröhlichkeit" nennen, zu vergessen, was ich verloren hatte.

Wie viele probieren das gleiche Rezept aus und scheinen es zu mögen! Ich traf oft meine Mitpatienten.

Eines Tages sah ich auf den Stufen des Aquariums den Mann, von dem ich vermutete, dass er nicht Philippas Ehemann war.

„Wer ist diese Bucht?" Ich fragte.

„Er mit der Gardenie?" antwortete ein Freund idiomatisch. „Das ist Sir Runan Errand, der Amateurschauspieler – er, der die Live Mermaid, das Missing Link und Koot Hoomi , den Mahatma des Berges, leitet."

„Was ist das für ein Mann?"

„Genau die übliche Art von Mann, die man hier allgemein sieht." Genauso heiß, wie sie gemacht werden. Verrückt nach einer eigenen Show; verrückt auf zweiköpfigen Waden.'

'Ist er verheiratet?'

„Wenn jede Dame, die sich Lady Errand nennt, einen Rechtstitel dazu hätte, müsste die „Baronetage" auf mehrere Ergänzungsbände ausgedehnt werden."

Und das war Philippas Ehemann!

Was war sie unter so vielen?

Mein Impuls war, vom Baronet eine Erklärung zu verlangen, aber aus Gründen, die nicht ganz unabhängig von meiner Größe und meinem Kampfgewicht waren, enthielt ich mich der Stimme.

Ich habe es besser gemacht. Ich ging in mein Hotel, verlangte das Hotelbuch und leistete einen Eid, der somit urheberrechtlich geschützt ist. Ich habe geschworen, dass ich in fünfundzwanzig Jahren mit dem, den ich hasste, rechnen würde. Ich betete, etwas unbeständig, dass Ehre und Glück das Los von ihr sein möge, das ich verloren hatte. Danach fühlte ich mich besser.

KAPITEL II.
Der Nebenstoß eines Bösewichts.

PHILIPPA war ein anderer! Das Leben war nicht mehr lebenswert. Hoffnung wurde bewertet; Der Ehrgeiz wurde abgestumpft. Das Interesse, das ich bisher an meinem Beruf gespürt hatte, verschwand. Den ganzen Frühling über schien meinen beiden Bounding Brothers von der Guttapercha-Küste die Elastizität genommen zu sein. Monatelang erledigte ich meine Arbeit oberflächlich. Ich fügte meiner Ausstellung einen tätowierten Mann und eine zweiköpfige Schlange hinzu, außerdem einen weißäugigen Botocudo, der Gitarre spielte, und ein Paar siamesischer Zwillinge, die aus einer doppelläufigen Kanone abgefeuert wurden, und machte dann den Höhenflug Trapezgeschäft. Sie zogen, aber der Erfolg bereitete mir keine Freude. Solange ich genug Geld verdiente, um meinen täglichen Bedarf zu decken (und Whisky billig war), was störte mich dann? Meine Stimmung war nicht gerade die süßeste. Meine Freunde sind von mir abgefallen; Ja, sie fielen wie Kegel, wann immer ich in ihre Reichweite kam. Ich war allein auf der Welt.

Sie werden nicht überrascht sein, es zu hören; Die Elenden haben keine Freunde. So ging es ein Jahr lang weiter. Mir ging es schlechter statt besser. Meine Trübsinnigkeit vertiefte sich, meine Leber wurde immer mehr in ihrer krankhaften Untätigkeit bestätigt. Dies sind keine Rhapsodien eines Liebhabers, sie zeigen lediglich den Zustand meines Körpers und Geistes und erklären, was Puristen möglicherweise verurteilen. In diesem Zustand hörte ich ohne heuchlerisches Bedauern, dass ein entfernter Verwandter (ein lange verschollener Onkel) mir bequemerweise sein riesiges Eigentum hinterlassen hatte. Es kümmerte mich nur, weil es mir ermöglichte, mich aus dem Beruf zurückzuziehen. Ich habe meine Ausstellung entsorgt, oder besser gesagt, ich habe sie für ein Lied stehen lassen. Den Tätowierten Mann, die Artillerie-Zwillinge und die Doppelköpfige Schlange übergab ich einfach dem Erstankömmling, der zufällig ein Landdekan war. Tief im Landesinneren, in der Nähe des Städtchens Roding, auf einer einsamen Landstraße, wohin nie ein Mensch kam, habe ich einen Hecht gefangen. Hier wohnte ich wie ein Einsiedler, weigerte mich, den seltenen Passanten in Karren und Gigs Wechselgeld zu geben, und wurde von einem geschickten Kerl begleitet, William Evans, stur wie die Sphynx, welches Wort, aus Gründen, die später vielleicht auftauchen oder auch nicht Diese Erzählung buchstabiere ich lieber mit einem *y*, im Gegensatz zu den besten Autoritäten und der üblichen Sitte.

Es war Mittwinter und Mitternacht. Mein Zimmer lag im Dunkeln. Es fiel starker Schnee. Ich ging zum Fenster und drückte meine Nase gegen die Scheibe.

„Was", fragte ich mich, „ist am ehesten wie eine Katze, die aus dem Fenster schaut?"

„Eine Katze schaut durch ein Fenster", antwortete eine silberne Stimme aus der Dunkelheit.

An die gleiche Scheibe drückte sich eine weitere Nase, die einer Frau . Es war die schöne Orgel gemischter Architektur von Philippa! Mit einem leisen Schrei des Erstaunens zerbrach ich die Scheibe: Es war keine leere Vision, kein Fall von „Schrecken"; Die kalte, kalte Nase meiner Philippa traf auf meine eigene. Das Eis war jetzt gebrochen; Sie fegte in meine Kammer, bezaubernder als je zuvor in ihrer seltsamen, überirdischen Schönheit und einem neuen Mantel aus Robbenfell. Dann setzte sie sich mit nachlässiger Anmut nieder, lehnte ihren Stuhl zurück und stellte ihre Füße auf den Kaminsims.

„Liebe Philippa", rief ich höflich, „wie geht es deinem Mann?"

'Ehemann! „Ich habe keine", zischte sie. „Sag mir, Basil, hast du jemals einen Kerl ohne Ende gehasst?"

„Ja", antwortete ich wirklich; denn wie Mr. Carlyle verabscheute ich einfach die meisten Menschen und den, der mir Philippa geraubt hatte, am meisten.

„Weißt du, was er getan hat, Basil? *Er bestand darauf, einen Hausschlüssel zu haben!* Hast du jemals einen Mann gehasst?'

Ich warf meine Arme aus. Mein Herz war voller Bitterkeit.

„Er hat mehr getan! Er hat sich geweigert, mein letztes Quartalsgehalt zu zahlen. Basil, hast du nie einen Mann gehasst?'

Mein Gehirn schwankte angesichts dieser wiederholten Schandtaten.

„Und wo wohnst du derzeit, Philippa? Ich hoffe, du fühlst dich ziemlich wohl?' Ich erkundigte mich besorgt.

Philippa fuhr fort: „Mein Mann, wie er war, hat mich rausgeschmissen." Ich war kurz davor, ein Baby zu bekommen. Ich habe ihn gelangweilt. Ich war im Weg – auf die familiäre Art. Basil, hast du jemals einen Kerl gehasst? Wenn nicht, lesen Sie diesen Brief.'

Sie warf mir einen Brief zu. Sie warf es mit all ihrer alten, gnädigen Geschicklichkeit weg. Es stammte aus Monte Carlo und lautete wie folgt:

„Da es so aussieht, als ob wir uns nicht ganz gut verstehen, denke ich, dass ich diese Angelegenheit unserer Ehe genauso gut zu Ende bringen kann." Der kürzeste Weg, Ihrer sehr begrenzten Intelligenz die Dinge klarzumachen, besteht darin, Ihnen zu versichern, dass Sie überhaupt nicht meine Frau sind. Bevor ich dich geheiratet habe , war ich der Ehemann der lebenden Meerjungfrau. Seitdem ist sie gestorben, und ich hätte dich vielleicht immer wieder heiraten können; aber ich war nicht ganz so verliebt. Ich werde einfach vorbeikommen und diese kleine Angelegenheit am Mittwoch klären. Da Sie fünf Meilen vom Bahnhof entfernt sind, das Wetter absolut schrecklich ist, ich außerdem ein luxuriöser, selbstgefälliger Baron bin und diese Geschichte nie weiterkommen würde, wenn ich nicht zu Fuß gehen würde, schicken Sie mich nicht ab. Ich würde *lieber* gehen.'

Hier war ein hübscher Brief von einem liebevollen Ehemann. „Aber ha! stolzer Edelmann", flüsterte ich in mein Herz, „du und ich werden uns morgen treffen."

„Und wo wohnst du, Philippa?" Ich wiederholte es, um das Gespräch in eine angenehmere Richtung zu lenken.

„Mit einer Mrs. Thompson", antwortete sie; „Eine Dame, die mit Sir Runan in Verbindung steht."

„Sehr gut, lass mich morgen deine Sachen abholen." Ich kann mich als dein Bruder ausgeben, weißt du?

„Mein Halbbruder", sagte Philippa errötend, „mütterlicherseits."

Das tapfere Mädchen hat an *alles gedacht* . Als Kind weißer Eltern hätte ich vergeblich vorgeben sollen, Philippas Vollbruder zu sein. Sie hätten mir nicht geglaubt, wenn ich es geschworen hätte.

„Glauben Sie nicht", fuhr Philippa fort, als ihr plötzlich ein Gedanke kam, „dass es angemessener wäre, wenn ich zu Mrs. Thompson zurückkehre, da es fast Mitternacht ist und stark schneit?"

Hiergegen gab es keinen Widerspruch.

Wir gingen zusammen zum Haus dieser Dame, und auf meinen Rat hin suchte Philippa ihr Sofa auf. Ich setzte mich und wartete auf die Ankunft von Frau Thompson. Sie erschien bald.

Eine Frau von etwa fünfunddreißig Jahren mit einem Adlergesicht und einem langen, dunklen, seidigen Bart, der bis zur Taille reichte. Was auch immer der Charme dieser Frau für mich gewesen sein mag, als ich noch in diesem Beruf tätig war, sie konnte sich jetzt kaum noch rühmen. Zweifellos war sie in Sir Runans Show aufgetreten und eines seiner Opfer.

Ich entschuldigte mich für die Verspätung meines Anrufs und trat sofort geschäftlich ein.

Frau Thompson bemerkte, dass „der Gesundheitszustand meiner Schwester nicht so war, wie er sein sollte" – nicht alles, was sie sich wünschen konnte.

„Ich möchte Sie nicht beunruhigen; zweifellos bist du, ihr Bruder, daran *gewöhnt* ; aber für ein Mädchen, das so verrückt ist wie ein Hutmacher – nun, ich werde dich belästigen!'

„Ich selbst kann MD hinter meinen Namen schreiben", antwortete ich, „und Sie sind, glaube ich, mit Sir Runan Errand verwandt?"

„Wir sind verwandt", sagte sie, ohne meinen Sarkasmus zu verstehen. „Sein Verhalten überrascht mich selten. Als ich jedoch herausfand, dass diese Dame, Ihre Schwester, seine Frau war, *war ich dieses eine Mal* überrascht."

Da ich das Gefühl hatte, dass diese Frau mit ihrem ruhigen, geschliffenen und vornehmem Sarkasmus die Oberhand behalten hatte, ging ich voller Hoffnung auf eine süße Rache zurück zur Pike.

Da ich jedoch noch nie zuvor mit einem Baronet gesprochen hatte, konnte ich nicht umhin zu befürchten, dass sein hochmütiges Auftreten und sein überlegener Rang mich einschüchtern könnten, wenn wir uns morgen treffen würden.

KAPITEL III.
Mes Gages! Mes Gages!

Der nächste Morgen kam kalt und grau und erinnerte mich daran, dass ich zwei Pflichten hatte. Ich sollte zu Hause warten, bis Philippa von Mrs. Thompson kam, und ich sollte mich auch auf der Straße vom Bahnhof aufhalten und Sir Runan zu einem tödlichen Kampf herausfordern. Können Pflichten kollidieren? Sie können. Sie taten! Die Stunden vergingen langsam, während ich Sir Runans Brief las, ihn immer wieder las, diesen Racheschwur registrierte und erneut registrierte (ein hübscher Begriff, den ich selbst erfunden hatte).

Philippas „Sachen" – ihre Kisten mit all ihren Besitztümern – kamen pünktlich an.

Philippa nicht.

Ich verbrachte einen zerstreuten Tag, mal sprang ich auf halbem Weg zum Bahnhof, um Sir Runan zu treffen, mal raste ich in Höchstgeschwindigkeit zurück, um Philippa am Hecht zu begrüßen.

Da ich nicht wusste, mit welchem Zug Sir Runan Roding erreichen würde, und auch nicht, wann man nach Philippa suchen würde, verschaffte ich mir so genug Bewegung, um die monatelange Untätigkeit auszugleichen.

Endlich kam der letzte Zug.

Es war mittlerweile stockfinster und es schneite heftig, genau zu der Zeit, die Philippa normalerweise für einen ruhigen Abendspaziergang wählte.

Ich bin den halben Weg nach Roding geeilt, habe es mir anders überlegt, bin zurückgegangen und an der Hechtstation angekommen.

„Hat eine Dame nach mir gerufen?", fragte ich die Sphinx.

„Nun, ist das wahrscheinlich, Sir?", antwortete mein Kollege mit rauem Humor .

„Also, ich muss los und sie treffen", rief ich, schnappte mir hastig eine Laterne mit Bullaugenmotiv und eine Polizeirassel von der Sphinx und stürzte mich in die Dunkelheit.

Zuerst eilte ich zu Mrs. Thompson, wo ich erfuhr, dass Philippa nach einem etwas längeren Mittagessen gerade einen Spaziergang gemacht hatte. Das war wie bei Philippa. Ich erkannte die schrumpfende Bescheidenheit, die sie immer dazu veranlasste, ihre Reize zu verbergen, indem sie nach Einbruch der Dunkelheit umherging.

Als ich mich von Mrs. Thompsons Haus abwandte, spürte ich den Schnee deutlicher auf meinem Gesicht. Wütend, blind, wie verrückt wirbelte es hierher und trieb dorthin.

Soll ich mich für Sir Runan entscheiden? Soll ich dort warten, wo ich war? Soll ich nach einem Taxi pfeifen? Soll ich zum Hecht zurückkehren?

Plötzlich ertönte aus dem Schnee ein silbriges Gelächter. Philippa tanzte elegant in einem langen, schneeweißen Ulster vorbei.

Ich entdeckte sie ausschließlich mithilfe meiner dunklen Laterne.

Ich stürzte mich auf sie, ich packte sie. Ich sagte: „Philippa, komm mit mir zurück!"

„Nein, der ganze Spaß steht im Vordergrund", schrie Philippa. „Das Gehalt meines Quartals!" Oh, mein letztes Quartalsgehalt!'

Mit diesen wilden Worten, die in meinen Ohren rasselten wie Kugeln aus einer Gatling-Kanone, ergriff ich Philippas Hand.

Etwas fiel herunter und hätte auf der harten Landstraße gerasselt, wenn nicht der Schnee gewesen wäre.

Ich bückte mich, um diesen leuchtenden Gegenstand aufzuheben, und rief mit einem weiteren wilden Schrei: „Das Gehalt meines Viertels!" Philippa tanzte erneut in die Dunkelheit.

Erschöpft von der etwas anstrengenden und ungewöhnlichen Art der Auftritte des Tages und ohne Training, so wie ich war, konnte ich ihr nicht folgen.

Mechanisch tastete ich immer noch am Boden herum und hob einen kleinen kalten Gegenstand auf.

Es war ein Hausschlüssel! Ich steckte es zusammen mit meinen anderen Schlüsseln in meine Tasche.

Dann kam mir ein Gedanke, und ich warf ihn über die Hecke, damit er als Indizienbeweis dienen konnte. Dann drehte ich mich um und ging die Straße hinauf, ließ meine Rassel schwingen und ließ meine Bullaugenlaterne nach allen Seiten aufblitzen, wie Mr. Pickwick, als er den wissenschaftlichen Gentleman erschreckte.

Plötzlich blieb ich mit einem Schreckensschrei stehen. Direkt vor meinen Füßen, im kleinen Kreis konzentrierten Lichts der Laterne, lag eine zerquetschte, weiße, zylindrische Masse.

Diese Masse hatte ich schon einmal bei warmem Sommerwetter gesehen – diese Masse, einst ein weißer Hut, hatte die Stirn dieses Stampfers geziert!

Es war Sir Runans Höhepunkt!

KAPITEL IV.
Als Hutmacher!

JA, der weiße Hut, der völlig zerschlagen und zerdrückt auf dem weißen Schnee liegt, muss der Hut von Sir Runan sein! Wer sonst als der tigerhafte Aristokrat, der das heimelige Vierrad verachtete und es vorzog, in dieser Nacht des Schreckens fünf Meilen zu seinem Opfer zu laufen — wer sonst würde im stürmischen Dezember den fröhlichen Julihauch tragen?

Mit diesem Hut hatte er, zweifellos dank seiner luftigen, *unbekümmerten* Anmut, Philippa gewonnen; mit diesem Hut hätte er sie bärtig getragen, sich ihr widersetzt und sie verstoßen! Die Grausamkeit des Menschen! Der größere und massigere zerknitterte Haufen, der etwas hinter dem Hut auf der Straße lag, dieser Haufen, dessen Umrisse bereits vom Schnee verschwommen waren, dieser Haufen musste der Baronet selbst sein!

Oh, aber das war Rache, schnelle, tödliche Rache!

Aber wie, aber wie hatte sie es angerichtet? *Sie* , schon flüsterte mein Herz *sie!*

War meine unvergleichliche Philippa damals eine Mörderin?

Oh, sag es nicht; Nennen Sie sie (das würden Sie tun, wenn sie eine irische Straftäterin gewesen wäre) „die wilde Gerechtigkeit der Rache" oder die schnelle Hinrichtung des empörten Gläubigers.

Von Philippa getötet!

Ja, und warum? Die Antwort war nur zu offensichtlich. Sie muss hinausgegangen sein, um ihn zu treffen und ihm, mit welchen Mitteln auch immer, das Viertelgehalt abzutrotzen, das der Mistkerl unbezahlt gelassen hatte. Dann wanderten meine Gedanken zum Türschlüssel, der Ursache für den heftigen Familienhass, der zwischen Philippa und ihrem Verräter brannte. Den Schlüssel, den sie ihm entrissen hatte, war ihr aus der Hand gefallen, und ich — ich hatte ihn in die Luft geworfen!

Von Emotionen überwältigt taumelte ich in Richtung des Hechts. Den ganzen Weg über zeichnete ich im blendenden, wirbelnden Schnee die unverwischten Abdrücke eines kleinen Feenfußes nach.

Das war ein trister Trost! Philippa war vor mir gegangen; Die Abdrücke des einen kleinen Fußes gehörten ihr. Sie muss also den ganzen Weg gehüpft haben! Könnte eine solche Art des Fortschreitens mit einem Schuldgefühl vereinbar sein? Konnte Reue so fröhlich auftreten?

Mein Mann William, die Sphynx, öffnete mir die Tür. Ich nahm eine natürliche Atmosphäre an und beobachtete: —

„Miss South ist zu Hause?"

'Jawohl. Kommen Sie einfach herein, Sir.'

'Wo ist sie jetzt?'

„Nun, Sir, sie ist einfach am Rande. „Ich werde sein Fell fliegen lassen", sagte sie und sez, sez sie, als sie hörte, wie du warst hout . „Keine nette junge Dame für eine kleine Teeparty, Sir", fügte er mit gesenkter Stimme hinzu; „Ihre Schwester ist auf jeden Fall ein echter Vollblutmensch."

Trotz ihrer Sturheit erlaubte sich die Sphinx gelegentlich eine kleine Freiheit, wenn sie mich ansprach.

Ich gab eine heitere Erwiderung, wobei ich über den Charakter seiner unverheirateten weiblichen Verwandten nachdachte, und betrat das Zimmer.

Philippa saß auf dem hohen, dunklen Eichenkamin und ließ ihre Füße ungewöhnlich über dem Kamin baumeln. Der Schnee, der von ihren kleinen Stiefeln und ihrem Haar geschmolzen war, hatte eine große Pfütze auf dem Boden gebildet.

Ich trat an sie heran und wartete darauf, dass sie etwas sagte, doch sie wippte gereizt mit ihren kleinen Füßen, als wolle sie damit ihren Unmut ausdrücken.

„Philippa", sagte ich streng, „sprich mit mir."

„Na, das ist ja ein lustiger alter Krawall!", rief Philippa, sprang vom Kaminsims und verschränkte wild die Arme in die Hüften.

'Wer bist du? Wo ist das Baby? *Du bist* ein Bruder; Du bist ein hübscher Bruder! Ist *das* die Art und Weise, wie man mit einem armen Mädchen Punkte macht? Wer hat das Baby getötet? Ihr habt es getan – ihr *alle* habt es getan.'

Ihre Worte flossen ineinander, wie mit einer Beredsamkeit, die ich nicht zu reproduzieren hoffen kann (und tatsächlich würde mein ausgezeichneter Verleger es keinen Augenblick zulassen), sie fuhr fort, spöttisch auf mich zu tanzen und mir die ärgerlichsten Vorwürfe zu überhäufen und frivole Natur auf meinem Kopf.

„Philippa", bemerkte ich schließlich, „du bist zu frivol."

Ein mürrischer Ausdruck breitete sich auf ihrem Gesicht aus, und mit Hilfe eines Stuhls nahm sie wieder in ihrer früheren lustlosen, hängenden Haltung auf dem Kaminsims Platz.

Als ich diese Symptome sah, als ich diese Vorwürfe hörte, erfasste mich eine große Freude im Herzen. Offensichtlich war Philippa tatsächlich, wie Mrs. Thompson gesagt hatte, „so verrückt wie ein Hutmacher". Was auch immer sie getan haben mochte, zählte nicht und war in Ordnung. Wir würden uns auf Wahnsinn berufen.

Sie war Opfer einer Geisteskrankheit geworden, deren Ursache, wie ich ohne zu zögern sagen kann, noch nicht ordnungsgemäß untersucht wurde. Soweit ich weiß, gibt es keine Monographie zu diesem Thema, oder ich hätte sie für dieses Weihnachtsjahrbuch auf jeden Fall sorgfältig gelesen. Ich komme in meinen Geschichten nicht ohne eine verrückte Frau aus, und wenn ich in den medizinischen Büchern keinen richtigen Fall finde, dann erfinde ich einen oder übernehme ihn aus den Franzosen. Dieses hier habe ich erfunden.

Obwohl die Einzelheiten von Philippas Fall für mich von großem und bedeutsamem Interesse sind, werde ich sie einer Mitteilung an eine wissenschaftliche Zeitschrift vorbehalten.

Für die Behandlung habe ich nicht weniger als sechzig Tropfen Laudanum mit einer gleichen Menge sehr altem Brandy in einem separaten Gefäß abgemessen. Aber eine Dosis vorzubereiten und einen solchen Patienten dazu zu bringen, sie einzunehmen, sind zwei verschiedene Dinge. Das ist mir mit folgendem Gerät gelungen.

Ich ließ etwas heißes Wasser, Zucker und eine Zitrone kommen. Ich habe den Siedepunkt sorgfältig mit dem Brandy und (separat) mit dem Laudanum vermischt.

Ich habe etwas von dem *früheren* Getränk genommen. Philippa sah mit ungekünsteltem Interesse zu, wie ich diese Aktion immer wieder wiederholte. Ein sanfterer, zufriedenerer Ausdruck stahl sich über ihr schönes Gesicht. Ich habe den Moment genutzt. Noch einmal drückte ich ihr den Trank (den *anderen Trank) auf.*

Diesmal erfolgreich.

Leise murmelnd „Mehr Zucker" versank Philippa in einen Schlaf – so laut wie der Schlaf des Todes.

Ich hoffte, Philippa würde beim Aufwachen vielleicht die Erinnerungen an den Tag loswerden, ohne dass sie sich daran erinnern könnten.

So wie Prinzessin Toto in der unheimlichen alten elisabethanischen Tragödie die Umstände ihrer Hochzeit völlig vergaß, so könnte es sein, dass Philippa ihren Mord völlig vergisst.

Wenn wir uns daran erinnern, was Frauen sind, erscheint der letztere Fall von Vergesslichkeit wahrscheinlicher.

KAPITEL V.
Der weiße Bräutigam.

Ich bin sicher, dass man mir kaum Glauben schenken wird, wenn ich sage, dass Philippas Bewusstlosigkeit sechzehn Tage dauerte. Ich hatte mir gewünscht, dass sie so lange schläft, dass die Erinnerung an ihre Taten in dieser schrecklichen Nacht aus ihrem Gedächtnis verschwindet. Es schien, als würde es ihr gelingen.

Während sie schlief, fühlte ich mich immer sicherer, weil der Schnee nie aufhörte zu fallen. Es muss zehn Meter tief gewesen sein, mehr als alles, was Sir Runan Errand sterblich zu bieten hatte. Je tiefer desto besser. Kurioserweise wurde der Baronet von niemandem vermisst. Es wurden keine Anfragen gestellt; und das hätte einen Menschen, der mit den Manieren der Baronette und ihrer Freunde weniger vertraut war als ich, vielleicht verwirrt.

Manchmal führte mich eine schreckliche Faszination über die Straße, auf der ich die zerbrochene, ramponierte Masse gefunden hatte. Ich meinte, ich könnte die Strömung sehen, in der das Ding lag, und eine trostlose Versuchung (die wahrscheinlich aus der alten Zeit stammte, als ich ein paar wilde Tiere in der Ausstellung hatte) drängte mich, „es mit einer langen Stange aufzuwirbeln". Ich wehrte mich dagegen und drehte mich bitterlich weinend zu Philippas Bett um.

Als ich ging, traf ich Frau Thompson.

„Hasse sie ihn?" sie fragte plötzlich.

„Vergebung ist eine christliche Tugend", antwortete ich ausweichend.

Ich konnte dieser Frau nicht vertrauen.

„Hören Sie zu", sagte sie, „und versuchen Sie zu verstehen." Wenn ich dachte, sie hasse ihn, würde ich ihr etwas sagen. Wenn sie dachte, dass du sie hasst, würde er mir etwas sagen. Wenn Sie oder Sie denken würden, dass er sie hasst, würde ich ihm etwas sagen. Ich werde abwarten und sehen.'

Sie überließ es mir, das Beste (was nicht viel war) aus ihren rätselhaften Worten zu machen.

Sie war offensichtlich eine seltsame Frau.

Ich hatte das Gefühl, dass sie in Sir Runans frühes Leben verwickelt war und dass wir in Sir Runans frühen Tod verwickelt waren – tatsächlich war alles sehr gemischt.

Sie kam zurück. „Nennen Sie mir Ihren Namen und Ihr College", sagte sie, „nicht unbedingt zur Veröffentlichung", und ich ahnte, dass sie früher

Proctor in Girton gewesen war. Ich gab ihr meine Adresse im Wirtshaus um die Ecke und wir verabschiedeten uns, wobei Mrs. Thompson flüsterte, dass sie „schreiben würde".

Als ich zu Hause ankam, rannte ich los zu Philippas Wohnung.

Eine große Veränderung hatte bei ihr vor sich gegangen.

Sie war wach!

Ich geriet sofort in die größte Angst.

Die Schwierigkeiten meiner Lage offenbarten sich mir zum ersten Mal. Wenn Philippa verrückt blieb, wie sollte ich sie dann von ihrem Tatort entfernen – leider! ihres Verbrechens? Wenn Philippa vernünftig geworden wäre, wäre ihre Position unter meinem Dach äußerst kompromittierend gewesen. Und noch einmal: Wenn sie verrückt wäre, könnte ein Geschworenengericht sie freisprechen, sobald der Schnee schmolz und alles enthüllte, was von dem Baronet übrig geblieben war. Aber welche Freude oder welchen Gewinn könnte ich in diesem Fall aus der Gesellschaft einer verrückten Philippa ziehen? Angenommen, sie wäre andererseits vernünftig, wäre ich dann nicht eine „nachträgliche Mithelferin" und allen Schmerzen und Strafen eines solchen Verbrechens ausgesetzt?

Hier tauchte die letzte Frage auf und schüttelte mir ihren gespenstischen Finger entgegen: „Kann ein vernünftiger Mann im Nachhinein Beihilfe zu einem Mord leisten, der von einer verrückten Frau begangen wurde?"

Soweit ich weiß, gibt es keine Monographie zu diesem Thema, oder ich hätte sie sicherlich für dieses Weihnachtsjahrbuch herangezogen.

All diese Fragen gingen mir wie ein Blitz durch den Kopf, als ich an Philippas Bett kniete und auf ihr erstes Wort wartete.

„ *Bon jour* , Philippine", sagte ich.

„Basil", antwortete sie, „wo bin ich?"

„Unter meinem Dach – dem Dach deines Bruders", sagte ich.

'Bruder! Oh, verstauen Sie den Blödsinn!' sagte sie und wandte sich träge ab.

Daran konnte es keinen Zweifel geben, Philippa war wieder sie selbst!

Nachdenklich stand ich auf und schlenderte hinaus zu den Ställen.

Mit weißem Schnee über einem weißen Macintosh bedeckt, traf ich an der Tür des Kutschenhauses William, die Sphynx.

Der weiße Bräutigam!

Er drehte einen kleinen Gegenstand, *einen Türschlüssel von besonderer Machart* , in der Hand und grinste mich gelassen an.

„Sie ist eine Rum-Un, Knappe, deine Schwester, das ist sie", kicherte die Sphynx.

„William", sagte ich, „geh nach Roding und bring zwei Krankenschwestern mit, auch wenn sie zwanzig Pfleger anheuern müssen, um sie hierher zu locken." Und, William, bring ein paar Drogen in den Wagen mit.'

Indem ich ihn auf diese Expedition schickte, habe ich die Sphynx losgeworden. War er Zeuge? *Er war sicherlich mit der Natur eines Eides vertraut!*

KAPITEL VI.
Hart wie Nägel.

natürlich Philippa; In meinem zweiten ging es um das Wetter. Die meteorologische Beobachtung ist immer interessant und besonders spannend, wenn es ganz vom Thermometer abhängt, ob man nachträglich als Mittäter oder (wie Anwälte sagen) *postmortal verhaftet wird oder nicht* . Mein Herz sank in meine Stiefel, oder vielmehr (denn ich hatte mich noch nicht angezogen) in meine Pantoffeln, als ich feststellte, dass es zum ersten Mal seit sechzehn Tagen nicht mehr schneite. Ich warf die Schärpe hoch, die kalte Luft schnitt in mich wie ein Messer. Mechanisch erbrach ich den Schwamm; Es prallte hart gegen die Decke und fiel als Masse spröder, klirrender Eiszapfen zurück, so stark war der eiserne Frost, der es festgebunden hatte.

Ich habe eine Handvoll Schnee vom Fensterbrett gesammelt. Es zerbröckelte in meinen Fingern wie Patent-Kampfer-Zahnpulver, weshalb ich es sofort zu diesem Zweck verwendete. Notwendigkeit ist die Mutter der Erfindung. Dann wandte ich mich als letzten Test meinem Bad zu. Oh Freude! es war zehn Zoll dick gefroren! Für mich gibt es heute keine Wanne! Ich rannte fröhlich die Treppe hinunter und warf einen Blick auf das Thermometer vor meinem Arbeitszimmerfenster. Hurra, es waren zwanzig Grad unter Null! Es wurde registriert! Das hat mich an meinen Eid erinnert! Ich habe es noch einmal registriert, unabhängig von den Rechtskosten.

Meine Stimmung stieg so schnell, wie das Glas gefallen war. Der Wind wehte genau aus Osten, was im Allgemeinen kein Anlass zu unanständigem Jubel war.

Aber solange der Wind genau aus Osten wehte, würde der Frost so lange anhalten und die weiße Masse am Straßenrand würde *in statu quo bleiben* .

So lange war Philippa in Sicherheit.

Danach hing ihr Schicksal, und auch meins, von den Exzentrizitäten einer Jury, dem gefestigten Libertinismus eines heruntergekommenen Richters, dem Humor des Gesetzes und einer Reihe von Punkten ohne Präzedenzfall ab, über die noch keine Monographie geschrieben worden war; und, als letzte verzweifelte Ressource, auf die Briefe einer wohlwollenden britischen Öffentlichkeit in den Penny Papers. Die Penny Papers, der neueste Broadsheet-Moderator des Kriminellen! Unter den bedrückenden Umständen ging es Philippa erwartungsgemäß gut. Sie sprach wenig, aß und trank aber viel. Tag für Tag hielt der tapfere schwarze Frost an, und das verschneite Grab verbarg alles, was ich nur mit großer Unbequemlichkeit entdeckt hätte. Der Himmel selbst schien uns zu beschützen und für uns zu arbeiten. Beschützt der Himmel im Allgemeinen nachträgliche Gefährten und Damen, die die Karrieren ihrer Herren verkürzt haben? Diese Fragen überlasse ich dem Kasuisten, dem Meteorologen, den Erstellern von Wettervorhersagen und anderen anerkannten Autoritäten in Fragen der Theologie und des Zustands des Barometers.

Ich habe das Jahr, in dem sich diese unauffälligen Ereignisse ereigneten, nicht angegeben.

Viele, die sich an den gewaltigen Schneefall erinnern können, der alles in der Erinnerung des ältesten Bewohners übertrifft, und an die Zeit, während der der Frost ihn auf der Erde festhielt, werden in der Lage und willens sein, das Datum festzulegen.

Ich habe nichts dagegen, dass sie ihre Freizeit mit chronologischen Recherchen verbringen.

Wenn sie sich angesichts der Schwierigkeiten des Problems überhaupt nicht sicher sind, werde ich ihnen ein zusätzliches „Licht" geben: *Seit diesem Jahr hat es kein vergleichbares Wetter mehr gegeben* .

Truth gesendet werden .

Von Tag zu Tag ging es Philippa immer besser. Dies scheint die übliche Folge zu sein, wenn übermäßig saisonales Wetter auf eine Verfassung einwirkt, die zuvor durch Bigamie, Mord und ähnliche Exzesse untergraben wurde.

Ich erspare mir jede technische Zusammenfassung des Falles, es genügt zu sagen, dass dies einer der seltenen Fälle war, in denen der völlig aus den Fugen geratene Geist durch sechzig Tropfen Laudanum, eingenommen auf nüchternen Magen, mit einem Spritzer Zitrone nach heftiger Anstrengung, wieder ins Gleichgewicht gebracht wird Auf leeren Magen.

Der Fall ist nahezu einzigartig; aber wenn die Dinge anders verlaufen wären, hätte diese Geschichte nie rechtzeitig fertig werden können, um vor den anderen Weihnachtsjahrbüchern herumzuspielen.

Die Sache wäre wirklich *zu* kompliziert geworden!

Als sich Philippa erholte, wurde selbst dem zögerlichsten Verstand immer deutlicher, dass es umso besser war, je früher sie den Schauplatz ihres letzten, noch nicht geprobten Auftritts verließ.

Der Baronet war noch nicht vermisst worden — tatsächlich *wurde er nie* vermisst, und das ist einer der bemerkenswertesten Punkte in der ganzen Angelegenheit.

Wenn man ihn jedoch *vermisste* , suchte man ihn natürlich in der Nähe der jüngsten und attraktivsten seiner Frauen.

Diese Frau war Philippa.

Alles deutete auf einen sofortigen Flug hin.

Aber wie sollte ich Philippa dazu bringen, das zu sehen? *Ex hypothesi* wusste sie nichts von dem Mord. Andererseits würde sich ihre reine, wenn auch leidenschaftliche Natur dagegen sträuben, mein Zuhause länger als nötig zu teilen. Aber würde dieselbe Reinheit sie nicht davon abhalten, mich ins Ausland zu begleiten?

als Bruder und Schwester bezeichnet, aber Philippa hatte sich von dieser Bezeichnung nie täuschen lassen.

Außerdem: War ihre Position nicht ohnehin ein wenig zwielichtig?

Jetzt kam mir zum ersten Mal eine Idee. Viele Männer hätten ihre Mütter schon längst gebeten, sie zu *begleiten* . Mir wurde plötzlich klar, dass ich eine Mutter hatte.

Wer „Mutter" sagt, sagt „Anstandsdame".

Ich würde meine Philippa zu meiner Mutter bringen. Philippa war inzwischen völlig genesen.

Ich kann mein Verweilen nur dem Gefühl des Verhängnisses zuschreiben, dass alles wieder rund und rechtwinklig sein würde.

Die Liebe hatte ich beiseite gelegt, bis ich mich in der sicherlich verwirrenden Kombination der Umstände etwas klarer zurechtfinden konnte. Dennoch kam mir Philippa, das sage ich mit Bedacht, um einiges reiner und unschuldiger vor als bei unserer ersten Begegnung. Zwar war sie heimlich mit einem Mann unter einem Namen verheiratet worden, von dem sie wusste, dass er falsch war.

Zwar hatte sie ein Kind zur Welt gebracht, dessen späteres Schicksal bis heute ein Rätsel ist. Es stimmt, ihre Hände waren mit dem Blut von Sir Runan Errand befleckt.

Aber warum von Umverteilung sprechen, warum sich für das Frauenwahlrecht einsetzen, wenn Kleinigkeiten wie diese den Weg eines Mädchens in der Gesellschaft behindern sollen?

Philippas Unrecht hatte sie in den Wahnsinn getrieben. Ihr Wahnsinn war für die Tat verantwortlich. Sie war nicht mehr wütend. Daher war sie nicht verantwortlich. Daher war Philippa unschuldig.

Wenn sie wieder wütend würde, wäre es an der Zeit, über Schuldgefühle zu sprechen.

Aber wären diese Argumente bei einem Briten genauso überzeugend, wie sie es sicherlich bei einer französischen Jury bewiesen hätten?

Einmal schien Philippa ein Gespür für die Situation zu entwickeln.

Einmal fragte sie mich: „Wie kam sie in dieser Nacht zu mir nach Hause?"

„Du bist *aus* dem wirbelnden Schnee herausgekommen und *in* einem Zustand extremen Deliriums", antwortete ich epigrammatisch.

„Ich dachte, ich wäre zu Fuß gekommen", antwortete sie verträumt.

„Aber, Basil", fuhr sie fort, „was danach?" Was ist der nächste Schritt, mein edler Sportsmann?'

Was, in der Tat! Philippa hatte mich dort.

Offensichtlich war es an der Zeit, umzuziehen.

Um Verdacht zu vermeiden, hielt ich es für besser, mein Haus nicht zu verschließen.

Aus dem gleichen Grund habe ich auf eigene Faust ein wenig Kriminalität begangen.

Ein Mann wird es leid, nur ein Beiwerk zu sein.

William, die Sphynx, wusste offensichtlich Bescheid, wie Sportler sagen. Ich wusste, was sich im Schnee befand! Ich muss William zum Schweigen bringen.

Ich nahm meine Maßnahmen ruhig vor.

Zuerst habe ich zwei Dutzend sehr seltsamen blassen Sherry zu einer halben Krone hineingegeben.

Ich kaufte jede Flasche in einem anderen Geschäft in einer anderen Aufmachung (insgesamt waren es vierundzwanzig), damit mein Vorgehen nicht auffiel.

Ich habe die tödliche Flüssigkeit mit aller gebotenen Vorsicht im Keller deponiert.

Zum Abschied von William gab ich ihm fünf Schilling und den Kellerschlüssel und sagte ihm, er solle sehr vorsichtig sein und auf meine Anweisungen warten.

Ich wusste genau, dass der treue William sprachlos und weit außerhalb der Reichweite der menschlichen Wissenschaft sein würde, lange bevor meine „Anweisungen" ihn erreichen konnten.

Sein Geheimnis würde mit dem Weißen Bräutigam schlafen.

Dann fuhren Philippa und ich in die Stadt, Philippa stellte mir Rätsel, wie Nebukadnezar.

„Es gab etwas, wovon ich geträumt habe." Sag mir, was es war?' Sie fragte.

Aber obwohl ich besser informiert war als die Weisen und Wahrsager der alten Zeit, erfüllte ich ihren ungewöhnlichen Wunsch nicht.

Als ich in der Stadt ankam, fuhr ich direkt zum Hotel, in dem meine Mutter übernachtete.

Es war eines dieser hochpreisigen Privathotels im New Out.

Da ich jedoch keine Lust hatte, dieses Vergnügungslokal zu kaufen, wirkte sich der überhöhte Wert, den seine Besitzer darauf legten, nicht auf meine Stimmung aus.

Innerhalb weniger Minuten hatte ich meiner Mutter alles erzählt, bis auf zwei Dinge: die Angelegenheit mit dem Baby und das Schicksal, das Sir Runan widerfahren war.

Mit diesen unbedeutenden Ausnahmen wusste sie alles.

In Philippas Arme zu fallen war für meine immer noch aktiven Eltern das Werk eines Augenblicks.

Dann sah Philippa mich mit einem einfachen Augenzwinkern an.

„Basil, mein Bruder, du bist wirklich zu gut."

Ach, wie glücklich wäre ich gewesen, wenn die Arbeit einer dunklen Nacht ungeschehen gemacht worden wäre!

KAPITEL VII.
Retten und in den Ruhestand gehen!

Bisher habe ich wenig über meine Mutter gesagt, und es kann sogar so aussehen, als hätte ich diese Dame nur aus vorübergehenden Gründen betrachtet. Meine Leser werden jedoch bereits erraten haben, dass *meine* Mutter kein gewöhnlicher Mensch war.

Denken Sie einen Moment über die Position nach, die sie so bereitwillig einnahm.

ihr , wie wir bereits gesehen haben, lieber *nicht erzählen.*

Ihrer Meinung nach war die Lage daher folgendermaßen:

Philippa wurde Opfer der List eines Baronets.

Als sie mit der neuen Liebe unterwegs war, war sie sofort zurückgekehrt und verbrachte eine beträchtliche Zeit unter dem Dach der alten Liebe; das heißt, von mir selbst.

Dann war ich plötzlich mit dieser angehenden Schwiegertochter im hochpreisigen Hotel meiner Mutter angekommen und bestand darauf, dass wir drei sofort in fremde Teile auswandern sollten – je fremder, desto besser.

Ich hatte besonders auf den Reiz der Landschaft und das gesunde Klima in *Ländern hingewiesen, in denen es kein Auslieferungsabkommen mit England gab .*

Auch wenn es unter diesen Umständen nichts gab, was die wachsame Eifersucht einer Mutter erwecken könnte, muss man bedenken, dass sie als *Aufsichtsperson* doch etwas spät am Tag zu kommen schien.

„Da ihr so lange ohne mich zusammen gelebt habt“, hätten manche Eltern bemerkt, „kannt ihr auch ganz ohne mich auskommen.“

Keiner dieser trivialen Einwände fiel meiner Mutter ein.

Sie war das Gutmütige in Person.

war gerade von einer beruflichen Tournee auf dem Kontinent zurückgekehrt (ich hätte sagen sollen, sie war selbst in diesem Bereich tätig und füllte die *anspruchsvolle* Rolle der dicken Dame in einer höchst respektablen Aufführung bewundernswert aus), und so begann sie sofort damit, ihre Sachen zusammenzupacken und sich für ihre Reise zu uns fertig zu machen.

Noch nie war es gut gelaunter *Begleitperson* . Wenn eine von uns den Raum betrat, in dem sie mit der anderen saß, gab sie mir humorvoll einen Stoß und sagte: „Zwei sind Gesellschaft, junge Leute, drei sind keine“ und trottete mit der ganzen Schnelligkeit, die ihrer Figur und ihrem Alter entsprach, davon gestattet.

Aus Anfragen an den *Family Herald* (Korrespondenzkolumne) erfuhr ich, dass der Sudan damals wie heute das Land war, das vor englischem Recht am sichersten war. Spanien galt in dieser Hinsicht als schlechter Zweiter.

Gleich am nächsten Tag brachte ich das Thema Auslandsreisen noch einmal bei meiner Mutter zur Sprache. Schon jetzt war klar, dass der Frost nicht ewig anhalten würde . Sobald der Schnee geschmolzen war und die zerkleinerte Masse, die einst ein Baronet gewesen war, entdeckt worden war, würden Indizienbeweise auf Philippa hinweisen. Es stimmt, außer mir gab es niemanden, der *schwören konnte* , dass Philippa Sir Runan getötet hatte. Auch wenn ich es durchaus schwören könnte, war mein Wissen nur eine eigene Schlussfolgerung. Philippa selbst hatte den Umstand völlig vergessen. Aber der Verdacht der bärtigen Frau und des Weißen Bräutigams würde gewiss geweckt werden, und ich beschloss, ohne eine Stunde Verzögerung den Sudan aufzusuchen.

Ich habe ohne meine Gastgeberin gerechnet.

Meine Mutter widersprach zunächst.

„Du siehst auf jeden Fall nicht gut aus, Basil." Aber warum der Sudan?'

„Eine Laune, die Fantasie eines kranken Mannes." Vielleicht, weil es nicht so weit von Old Calabar entfernt ist, dem Land von Philippas eigenem Vater. „Mutter, sag mir, wie gefällt sie dir?"

„Sie ist die Frau, die du liebst, und wie zwielichtig ihre Vorgeschichte auch sein mag, wie eigenartig ihr Gesprächsstil auch sein mag, sie ist, das muss sie sein, tadellos." Nach einer so kurzen Bekanntschaft noch mehr zu sagen, könnte den Eindruck von Eile und Übertreibung erwecken .

Die Logik einer Frau!

„Dann kommst du *morgen* mit uns in den Sudan?"

„Nein, mein Kind, weiter südlich als Spanien werde ich *nicht* gehen, nicht diese Reise!"

Hier trat Philippa ein.

„Na, was gibt es als nächstes, alter Mann?" Sie sagte.

„Morgen nach Spanien!"

„Regen, Regen, geh nach Spanien,

Pass auf, dass du nicht noch einmal zurückkommst.'

sang die süße Philippa in kindlicher Hochstimmung.

So hatte ich sie selten gesehen!

Leider erwies sich Philippas Kindergartenzauber gegen den Regen als mehr als nutzlos.

An diesem Nachmittag begann es heftig zu regnen, nachdem mehrere Monate lang harter schwarzer Frost das Land fest umklammert hatte.

Der weiße Schneeschleier zog sich allmählich zurück.

Die ganze Nacht habe ich davon geträumt, dass der weiße Schnee langsam aus dem weißen Hut verschwand.

Am nächsten Morgen war der Schnee verschwunden und der weiße Hut musste für den Wanderer, obwohl er ein Narr war, offensichtlich gewesen sein.

Am nächsten Morgen und am nächsten und am nächsten fand ich mich immer noch in London.

Warum?

Meine Mutter war einkaufen!

Oh, was für eine schreckliche Qual, wenn eine schwule Mutter feierliche Stunden lang einkaufen muss, während jeder Moment ihren Sohn dem Untergang eines Accessoires im Nachhinein näher bringt!

Meine Mutter hatte nichts dagegen, zu reisen, aber sie hatte *gern* ihre kleinen Annehmlichkeiten bei sich.

Sie beschäftigte sich mit dem Einkauf –

Ein Wasserbett.

Eine *Boule* oder Wärmflasche.

Ein tragbarer Herd.

Ein Küchensortiment für unterwegs.

Eine Hausapotheke.

Ein kompletter Satz von Ollendorff.

Zehntausend Töpfe Dundee-Marmelade. Und alle anderen Artikel, die sie für ihren Komfort und ihre Sicherheit während der Expedition als wesentlich erachtete. Vergeblich drängte ich darauf, dass unser Motto „ *Rettung und Rückzug* " *sei* und dass solch aufwändige Vorbereitungen unseren Rückzug von unserer Heimatküste verhindern und daher die Rettung äußerst problematisch machen könnten.

Meine Tory-Mutter antwortete nur, indem sie das Beispiel von Lord Wolseley und der Nilexpedition anführte.

„Wie lange blieben *sie* zwischen den Töpfen – den Marmeladentöpfen?" sagte meine Mutter. „Haben *sie* angefangen, bevor jede Sauerei ihren angemessenen Anteil an zusätzlichen Teelöffeln für den Fall eines Unfalls und einen doppelten Vorrat an Atemschutzmasken für die Trommlerjungen und an Schneeschuhen für die kanadischen Bootsführer hatte, falls sich das Wetter als unsicher erweisen sollte?"

Das historische Wissen meiner Mutter und das einzigartige Beispiel vorausschauender und umfassender Ausrüstung, das sie anführte, brachten mich zum Schweigen, minderten jedoch nicht meine Besorgnis. Die Verzögerung machte mich nervös, aufgeregt und munter.

Morgen früh sollten wir starten.

Morgen früh war es zu spät.

Mit Mühe schlug ich die Morgenzeitung auf – übrigens die *Morning Post – und lief hastig die Spalten auf und ab, da mir aktive Bewegung empfohlen worden war.* Was kümmerte mich Politik, Auslandsnachrichten oder sogar die Sportnachrichten? Ich suchte lediglich nach einem Absatz mit der Überschrift „Schreckliche Enthüllungen" oder „Schrecklicher Tod eines Baronets". Ich lief vergeblich die Säulen auf und ab.

Eine solche Neuigkeit fiel mir nicht ins Auge. Freudig stand ich auf, um zu gehen, als mein Blick auf den Standard fiel.

Mechanisch öffnete ich es.

Diese Worte waren (zumindest schien es mir so) in feurigen Buchstaben geschrieben, obwohl die bewundernswerte Presse in Shoe Lane dieses geeignete Medium nicht wirklich nutzte.

„Schrecklicher Fund bei Roding."

Sofort wurde mir die Wahrheit klar. Die *Morning Post* hatte die Informationen nicht enthalten, weil

Die Regierung hatte die „Morning Post" boykottiert!

Nur Zeitschriften, die die Regierung mehr oder weniger unterstützten, durften „Kopie" von solch spannendem Interesse erhalten!

Und doch sprechen sie von einer freien Presse und einem freien Land!

Ich riss mich von diesen Überlegungen los und konzentrierte mich auf den schrecklichen Absatz.

„Die Schneeschmelze hat ein grelles Licht auf das mysteriöse Verschwinden (das bis zu diesem Moment keine Aufmerksamkeit erregt hatte) eines exzentrischen Baronets geworfen, der in Sportkreisen wohlbekannt ist. Gestern Nachmittag entdeckte der Bräutigam eines Herrn, als er die Autobahn entlangwatete, den weißen Hut eines Herrn, der auf dem schlammigen Bach schwamm, in den das beispiellose Wetter und die Nachlässigkeit der Straßenverwalter unsere Durchgangsstraße verwandelt haben. Eine Inschrift in roter Tinte im Innenfutter lässt keinen Zweifel daran, dass dieses Kleidungsstück alles ist, was vom verstorbenen Sir Runan Errand übrig geblieben ist. Mit den Freunden des unglücklichen Adligen wurde kommuniziert. Der aktive und intelligente Vertreter der örtlichen Polizei glaubt, einen Hinweis auf den Täter zu haben . „Wahrscheinlich wurde die Leiche des ermordeten Adligen von der überfluteten Straße zum Meer getragen.“

Ich habe das Papier in Stücke gerissen und daraus Sandwiches für die Reise eingepackt.

noch einmal : Wenn Sie nicht mit mir mitfühlen können, werfen Sie diese Geschichte beiseite. Der Himmel weiß, dass es düster ist , und es wird immer düsterer ! Aber wahrscheinlich haben Sie zu diesem Zeitpunkt entweder die Arbeit weggeworfen oder auf das Ende geschaut, um zu sehen, was mit allen passiert ist.

Der Morgen dämmerte.

Ich füllte meine Tasche mit Stücken aus Hannover, von denen ich dachte, dass sie auf dem Spanish Turf nützlich sein könnten, und packte drei oder vier gelbe, rote, grüne und blaue Opernhüte ein, die für den abenteuerlustigen Buchmacher so nützlich waren.

In diesem Moment kam der Postbote und überreichte mir einen Brief in der Hand einer Frau.

Ich steckte es leichtsinnig in meine Brusttasche.

Das Taxi ratterte davon.

Endlich ging es los.

Ich bin mir sicher, dass niemand, der uns an diesem Morgen hätte sehen können, sich das von dieser Gruppe von drei Personen hätte träumen lassen: einer mehr als bequem aussehenden englischen Matrone, einem Mädchen, über dessen seltsame Schönheit genug gesprochen wurde, und einem Herrn in Gelb ein Crush-Hut und eine Buchmachertasche — zwei davon flogen aus den Händen der Justiz.

Unser Erscheinen war sicherlich geeignet, jeden Verdacht zu entkräften.

Doch der Schein trügt sprichwörtlich. Waren unsere betrügerisch genug?

„Aber wohin gehen wir?" sagte meine Mutter mit der kurzen Erinnerung an das Alter.

„Zuerst nach Paris, dann nach Spanien und, wenn nötig, hinunter nach Khartum."

' *Dann* Ihr jungen Leute müsst alleine gehen. Ich ziehe die Grenze bei Dongola.'

Ich warf Philippa einen Blick zu.

Dann sah ich Philippa zum ersten Mal seit ihrer Krankheit erröten! Ihre langen, geschwungenen Wimpern verbargen ihre Augen, die vermutlich ebenfalls rosa waren, aber sicherlich hatte die breite Freundlichkeit meiner Mutter eine verräterische Röte auf die Wangen des jungen Menschen gebracht.

Als wir uns Folkestone näherten, erinnerte ich mich an den Brief, aber der Anblick des Roding-Poststempels veranlasste mich, das Öffnen aufzuschieben, bis wir an Bord des Dampfers waren. Während Philippa mit den Qualen der Reise kämpfte, konnte ich ungestört herausfinden, was Frau Thompson (denn es war ganz sicher Frau Thompson) zu sagen hatte.

Wir waren jetzt an Bord. Philippa und meine Mutter flohen in die Tiefen des Saloons, und ich öffnete das schicksalhafte Schreiben. Es begann ohne jegliche herkömmliche Formalitäten, und die ersten Worte ließen eine bereits blasse Wange erblassen.

„Ich sehe dich !"

Dieser seltsame Brief begann:

„ *Ich* weiß, warum Sir Runan mein Haus nie erreicht hat. Ich kenne den Grund (er war nur zu offensichtlich) für *ihren* seltsamen, aufgeregten Zustand. Ich weiß, wie er den Tod fand, den er verdiente.

„Ich hatte nie den Mut. Keiner von uns anderen hatte jemals den Mut. Wir haben alle geschworen, dass wir uns für ihn einsetzen würden, als einer nach dem anderen uns heiratete und uns im Stich ließ. Die zweiköpfige Nachtigall hat es geschworen, und das fehlende Glied, das gefleckte Mädchen und die starke Frau, die Hufeisen gedoppelt hat. Jetzt klappt sie ihren Kinderwagen mit ihren Kindern darin zusammen, aber sie hat ihn nie zusammengeklappt.

„Was deine Schwester betrifft, sag ihr von mir, dass es ihr gut geht." Sie hat sich zu seiner Witwe gemacht, sie ist die Botenwitwe.

„Tatsache ist, dass *die lebende Meerjungfrau nie gelebt hat!*" Sie war ein aufgebauschtes Ding aus Wachsfigur und einem ausgestopften *Salmo Ferox* .

Seine vorgetäuschte Ehe mit *ihr* ist daher nur ein vorgetäuschter Vorwand, um den Ansprüchen Ihrer Schwester zu entgehen.

„Jetzt ist er tot, deine Schwester kann den Namen, den Titel und die Güter übernehmen. Ich wünschte, sie könnte sie bekommen.'

KAPITEL VIII.
Lokale Farbe .

Ich habe den Brief der Frau immer wieder gelesen, ich habe ihn mit den unterschiedlichsten Gefühlen gelesen. Erstens dachte ich mit feierlichem Stolz darüber nach, dass Philippa *mehr* als eine ehrliche Frau war; dass sie wirklich die Dame eines Baronets war! Nach unserer Hochzeit sollte sie ihren Titel behalten. Viele Leute tun es. Wie gut würde es klingen, wenn wir zusammen ein Zimmer betraten: „Dr. South und Lady Errand!" Aber wenn man es sich genauer überlegt, würde diese Verbindung von Namen die Leute nicht eher dazu veranlassen, Fragen zu stellen?

Ja, unangenehme Assoziationen könnten wiederbelebt werden.

Mein zweiter Gedanke war, dass wir, wenn Mrs. Thompson ihr Wort hielt, genauso gut sofort nach Hause gehen könnten, ohne uns um den Sudan zu kümmern. Ich war mir sicher, dass der Weiße Bräutigam schon seit langem sprachlos war. Es gab also niemanden, der Lady Errand mit dem Tod von Sir Runan in Verbindung bringen konnte.

Darüber hinaus war Philippas Selbstachtung nun gesichert. Sie hatte es verloren, als sie erfuhr, dass sie nicht Sir Runans Frau war; Sie würde es wiedererlangen, wenn ihr bewusst wurde, dass sie sich zur Witwe von Sir Runan gemacht hatte. Das ist der Charakter der weiblichen Moral, da ich die Funktionsweise des weiblichen Herzens verstehe.

Ich war in meinem Monolog an diesem Punkt angelangt, als ich darüber nachdachte, dass ich Philippa vielleicht besser *nichts* davon erzählen sollte.

Sehen Sie, die Dinge waren so sehr gemischt, weil Philippas Erinnerung so seltsam aufgebaut war, dass sie den Mord, den sie begangen hatte, völlig vergessen hatte; Und selbst wenn ich ihr durch dokumentarische Beweise beweisen würde, dass sie nur ihren eigenen Mann ermordet hat, würde das vielleicht nicht dazu beitragen, ihr belastetes Gewissen so zu entlasten, wie ich gehofft hatte. Es gibt Zeiten, da gebe ich diese Geschichte aus Verzweiflung fast auf. Eine Heldin vorzustellen, die sozusagen durch und durch verrückt ist und Dinge genau im richtigen Moment vergisst und sich daran erinnert, scheint ein herrlich einfacher Kunstgriff zu sein.

Aber, auf mein Wort, ich vergesse ständig, woran sich Philippa erinnern sollte, und bin dabei, sie an genau die Dinge zu erinnern, die sie vergisst!

Ich war so verwirrt, dass ich mich tröstete, indem ich Sir Runans Andenken verfluchte. *De mortuis nil nisi bonum!*

Was für eine Menge Ärger bereitet einem oft ein einzelner kleiner Mord, an den man zu diesem Zeitpunkt kaum genug denkt.

Und das alles, während wir uns Paris näherten.

Nachdem die Flecken der Reise verschwunden waren , seufzte meine Mutter zufrieden, als sie sich an den Esstisch setzte. Wie jeder, der sie ansah, erraten konnte, war sie keine Verächterin der guten Dinge dieses Lebens! Noch am selben Abend gingen wir zum Hippodrom, wo wir viele alte Bekannte trafen. Meine eigenen Artillerie-Zwillinge waren da und küssten mir die Hände, während sie anmutig über unsere Köpfe hinweg auf das gewünschte Trapez zuflogen. Hier war auch der tätowierte Mann, und ich ergriff seine bunte und dekorative Hand mit einer Emotion, die ich selten empfunden habe. Ohne Eitelkeit kann ich sagen, dass Philippa und meine Mutter einen *Erfolg hatten* .

Von dem Moment an, als sie ihre Loge betraten, war jede *Lorgnette* auf sie gerichtet.

Ganz Paris war da, das *Tout-Paris* der *Premieren* , der *Les Courses* , das *Tout-Paris* der *Clubsman,* der *Belles Petites* , der Ladies *à chignon jaune* . Hier waren die Büchermänner , die *Gommeux* , die *Font Courir* , die Journalisten, und hier beobachtete ich mit besonderem Interesse meine großen Meister, M. Fortuné du Boisgobey und M. Xavier de Montépin .

In den Pausen der Aufführung drängte sich „*tout le monde*" in unsere *Loge* , und ich bemerkte, dass meine Mutter und Lady Errand auf viele tapfere und unternehmungslustige junge *Impresarios einen fast gleichen Eindruck machten* .

Wir aßen im *Cafe Bignon zu Abend* ; Toasts wurden getragen; Auch ich wurde nach Hause getragen.

Am nächsten Morgen verstand ich teilweise den Geisteszustand von Philippa. Ich hatte die Ereignisse des späteren Teils der Unterhaltung völlig vergessen.

Es kamen mehrere Rechnungen für Fenster an, die ich offenbar in einem Moment der Erregung zerbrochen hatte.

Gendarmen trafen ein und hätten mich unter dem Vorwurf verhaftet, etwa siebenunddreißig von ihnen niedergeschlagen zu haben.

Diese kleine Angelegenheit war leicht zu regeln.

Ich entschuldigte mich einzeln und einzeln bei jedem der siebenunddreißig *braves hommes* und gemeinsam beim gesamten Korps, der französischen Armee, dem Präsidenten, der Republik und der Straßburger Statue auf der Place de la Concorde. Nachdem ich meine Pflichten erfüllt hatte, hatte ich Zeit, über die Ungerechtigkeit des englischen Rechts nachzudenken.

Bestimmte Taten, die ich völlig vergessen hatte, büßte ich mit ein paar tausend Franken und einigen Dutzend Entschuldigungen.

Für nur eine Aktion, an die sie sich überhaupt nicht erinnern konnte, musste Philippa vor der englischen Justiz fliehen und ihren Titel und ihren Platz in der Gesellschaft aufgeben! Beide Damen bezauberten mich nun mit einer Erzählung der Komplimente, die man ihnen gemacht hatte; beide lehnten es strikt ab, Paris zu verlassen.

„Ich möchte mir die Geschäfte ansehen", sagte meine Mutter.

„Ich möchte, dass der *Gommeux* mich ansieht", sagte Philippa.

Keiner von beiden sah den geringsten Spaß an meiner geplanten Expedition nach Spanien.

Wochen vergingen und wir befanden uns immer noch in der Hauptstadt des Vergnügens.

Mein großes Vermögen, abgesehen von ein paar unbedeutenden Tausenden, war im flüchtigen Hochgefühl des Baccarat vergangen.

Wir müssen etwas tun, um unseren Wohlstand wiederherzustellen.

Meine Mutter hatte eine Idee.

„Basil", sagte sie, „du sprichst von Spanien." Sie sehnen sich danach, in das Lokalkolorit einzutauchen . Sie seufzen nach *Hidalgos, Sombreros, Carbonados und Carboncillos* , warum nicht das Geschäftliche mit dem Vergnügen verbinden?

„Warum nicht die Alhambra nehmen?"

Das *war* eine Idee!

Wo könnten wir sicherer sein als unter der alten maurischen Flagge?

Philippa stimmte dem Vorschlag meiner Mutter bereitwillig zu. Wenn eine Frau einmal die öffentliche Bewunderung gespürt hat, wenn sie einmal auf die Bühne getreten ist, zieht sie sich ohne Begeisterung zurück, selbst im Alter von vierzig Jahren.

„Ich hatte darüber nachgedacht", sagte Philippa, mich auf dem Social Science Congress auszustellen und einen Vortrag über Eigenwerbung und den ethischen Niedergang des Moral-Show-Geschäfts zu halten, mit einigen Bemerkungen zu Wachsfiguren. Aber die Alhambra klingt noch viel toniger '

Es wurde beschlossen.

Ich habe Baedeker und Murray und Fords „Spanien" weggeworfen, auf die ich mich seit drei Kapiteln mit Polsterung und Lokalkolorit verlassen hatte . Ich dachte nicht mehr an die sehr alten Kirchen St. Croix und St. Seurin und an eine Vielzahl anderer interessanter Objekte. Ich kümmerte mich nicht um

St. Sebastian, das Tal der Giralda, Burgos, die Hauptstadt des alten kastilischen Königreichs, und den atemberaubenden Ruhm des verstorbenen Moores. Fröhlich und fröhlich schloss ich die notwendigen Verhandlungen ab und fand mich mit Philippa, meiner Mutter und vielen meiner alten *Truppe* in der lieben alten Alhambra wieder, sicher unter dem Schutz der fröhlichen alten maurischen Flagge.

Schütteln Sie die schwarze Düsternis ab, Basil South, und lassen Sie die Dinge überspringen.

Du hast das Schicksal besiegt!

KAPITEL IX.
Gerettet! Gerettet!

HERRLICH, wunderbare Alhambra! Magisches Cuadrado de Leicestero ! Philippa und ich waren glücklich wie Kinder und das Haus war jeden Abend voll.

Wir gaben allem spanische Namen und spielten ständig, Spanier zu sein.

Das *Foyer* nannten wir „ *Terrasse* " – ein Raum, der nach Orangen duftet, an denen das Publikum ständig saugt, und nach Orangenschalen, die gefährlich sind. Hinzu kommt ein Erfrischungsraum, *das Refectorio* , voll mit den seltensten alten *Zigarren* und duftend nach *Aqua de Soda und Aguardiente* . Hier die Flaschen *Aqua de Soda* Es knallte ständig, und die *Corchos* flogen mit einem Murmeln fröhlicher Stimmen und sich vermischender Wasser. Hier konnte man die halbe Nacht hören —

Die Freude des fröhlichen Lachens,

Die Freude an niedrigen Antworten.

Wer kann es mir verübeln, dass ich mich in einer solchen Umgebung, fast wie ein Sybarit, in Sicherheit wiege und mir einrede, dass meine Sorgen fast ein Ende hätten? Wer kann sich schon über die *Schlösser wundern? de Espagne* , das ich baute, während ich auf der *Terrasse faulenzte, und meinen Kunden dabei half, das mediale Aqua de Soda* oder „Split Soda" des Landes zu konsumieren ? Manchmal wanderten wir bis zum Alcazar; Manchmal schlenderten wir zum Oxford oder lachten unbeschwert im Parkett des *Alegria* .

So war unser Leben. So vergingen in Ruhe und Frieden (denn wir hatten uns ein Tory- *Chuckerouto* aus Birmingham gesichert) die ausgeglichene Stimmung unserer Tage.

Was die Heirat mit Philippa angeht, war es schon immer meine *Absicht gewesen* .

Ob sie Lady Errand war oder nicht; Ob sie die Stunde ihrer eigenen Witwenschaft herbeigeführt hatte oder nicht, machte für mich keinen Unterschied.

Ein Moment unüberlegter Eile war ihr einziges Verbrechen gewesen.

Dieser Moment war vergangen. Philippa war nicht in diesem Moment. Ich habe in diesem Moment nicht geheiratet, sondern Philippa.

Stellen Sie sich also vor, wie Ihr Basil den Tag benennt und darauf besteht, doch irgendwie war der Tag noch nicht gekommen. Es kam jedoch endlich an.

Es stellte sich nun die Schwierigkeit, unter welchem Namen Philippa heiraten sollte?

Ehrlich gesagt kann ich mich nicht erinnern, unter welchem Namen Philippa geheiratet *hat* . Es war ein schwieriger Punkt. Wenn sie mich unter ihrem Mädchennamen heiraten würde und wenn Mrs. Thompsons Brief die Wahrheit enthalte, wäre die Hochzeit dann legal und bindend?

Wenn sie mich unter dem Namen Lady Errand heiraten würde und wenn Mrs. Thompsons Brief falsch wäre, wäre die Hochzeit dann völlig in Ordnung?

Soweit ich weiß, gibt es zu diesem Thema keine Monographie bzw. gab es damals noch keine.

Wie dem auch sei, wir waren verheiratet.

Nun war die Moral im Showgeschäft wiederhergestellt, das legitime Drama begann sich zu verbessern und die Hoffnungen des Social Science Congress wurden erfüllt.

Aber böse Tage standen bevor.

Eines Tages saßen Philippa und ich auf der *Terrasse* , als ich die jungen *Hidalgos* – oder *Macheros* , wie sie genannt werden – reden hörte, während sie ihre fürstlichen *Zigarren rauchten* .

„Sir Runan Errand", sagte einer von ihnen; „Wo er untergegangen ist." Er war ein selten schlechter Kerl.'

„Ermordet", antwortete der andere. „Von ihm wurde nie etwas außer seinem Hut gefunden."

„Was für ein Rum !" antwortete der andere.

Ich sah Philippa an. Sie hatte alles gehört. Ich sah, wie sich ihre dunkle Stirn vor Schmerz zusammenzog. Sie schlug heftig auf die Brust – ihre Angewohnheit in Momenten der Aufregung.

Dann glaube ich mich daran zu erinnern, dass ich und die beiden *Hidalgos* Philippa zu einer Couch auf der *Terrasse trugen* , während ich lächelte und lächelte und über die Hitze des Wetters sprach!

Als Philippa wieder zu sich kam, blickte sie mich mit ihren wunderbaren Augen an und sagte:

'Basilikum; Sag mir die Wahrheit, ehrlicher Indianer! Was hatte ich in dieser Nacht gemacht?'

KAPITEL X.
Nicht zu verrückt, aber gerade verrückt genug.

ES war raus! Sie wusste!

Was sollte ich sagen, wie konnte ich mich ihren impulsiven Kreuzverhören entziehen? Ich bin auf Ausflüchte zurückgefallen.

„Warum will ich das wissen?" wiederholte sie, „weil ich es will!" Ich hasste ihn. Er ging spazieren, ich ging spazieren, und ich hatte etwas mitgenommen, bevor ich spazieren ging. Wenn wir uns trafen, musste ich unbedingt mit ihm reden. Basil, habe ich davon geträumt oder habe ich es vor langer Zeit in einem alten, schrecklichen Penny aus der Vergangenheit gelesen?'

Gelegentlich brach Philippa in leere Verse wie diesen aus, aber nicht oft.

„Liebling, es muss ein Traum gewesen sein"

Sagte ich und schöpfte die Hoffnung, sie zu beruhigen.

„Nein, nein!" Sie schrie; „Nein – kein Traum." Nicht mehr, danke! Ich sehe mich jetzt vor mir, wie ich über dieser zerdrückten weißen Masse stehe! Basil, ich könnte ihn mit diesem Hut nie ertragen, und ich muss mich für ihn entschieden haben!'

Ich tröstete Philippa, so gut ich konnte, aber sie schrie weiter.

„ *Wie* habe ich ihn getötet?"

„Weiß der Himmel, Philippa", antwortete ich, „aber Sie hatten einen Schlüssel in der Hand – einen Haustürschlüssel."

„Ah, dieser verhängnisvolle Schlüssel!", sagte sie, „der Grund unseres letzten Streits. Wo ist er? Was hast du damit gemacht?", rief sie.

„Ich habe es weggeworfen", antwortete ich. Das stimmte, aber mir fiel nichts Besseres ein.

„Du hast es weggeworfen! Wusstest du nicht, dass es ein *pièce justificatif werden würde ?* ", sagte meine arme Philippa, die Gaboriau nicht umsonst gelesen hatte.

Ich verbrachte die Nacht damit, mit Philippa zu streiten. Sie warf mir vor, dass ich aus Spanien zurückgekehrt sei, „was ziemlich sicher war, wissen Sie – dorthin gehen Städter, wenn sie kaputt gehen", bemerkte sie in ihrem eigentümlichen idiomatischen Stil. Sie tadelte mich, weil ich ihr vorher nicht alles erzählt hatte, und dann hätte sie einer Rückkehr nach England nie zugestimmt.

„Sie werden mich vor Gericht stellen – sie werden mich hängen!" sie wiederholte.

„Kein bisschen", antwortete ich. „Ich kann beweisen, dass du völlig verrückt warst, als du es für ihn getan hast."

„ *Du* beweist es!" sie spottete; „ *Du bist* ein hübscher Anwalt ." Sie werden in einem Strafverfahren nicht die Aussage eines Mannes zugunsten oder gegen eine Frau akzeptieren. Das liegt daran, dass du darauf bestehst, mich zu heiraten.'

„Aber ich bezweifle, dass wir verheiratet *sind* , Philippa, meine Liebe, da wir uns nie erinnern konnten, ob du unter deinem Mädchennamen oder als Philippa Errand verheiratet warst. Außerdem –" Ich wollte ihr sagen, dass William, der Weiße Bräutigam (ehemaliger Sphynx), ihr zeigen konnte, dass er (wie er es einmal ausdrückte) „verrückt wie ein Idiot" gewesen war, aber ich erinnerte mich rechtzeitig daran. William war zweifellos schon lange sprachlos gewesen.

Der Sherry muss sein fatales Werk getan haben.

Das ist das Schlimmste, ein Verbrechen zu begehen. Sie bewirken oft nichts, machen die Sache aber komplizierter.

Hätte ich William nicht losgeworden – aber für Reue war es zu spät. Was die Aussagen ihrer Krankenschwestern betrifft, *das habe ich ganz vergessen* . Ich habe versucht, Philippa in einer anderen Zeile zu trösten.

Ich bemerkte, wenn sie sich für Sir Runan entschieden hätte, hätte sie ihm nur recht getan.

Dann versuchte ich, ihre Selbstachtung wiederherzustellen, indem ich den Brief der bärtigen Frau zitierte.

Ich wies darauf hin, dass sie schließlich Lady Errand gewesen war.

Das gab Philippa keinen Trost.

„Es macht alles noch schlimmer", sagte sie. „Ich dachte, ich hätte nur meinen Verräter losgeworden; Und jetzt sagen Sie, ich hätte meinen Mann getötet. Ihr Männer habt kein Taktgefühl.'

„Außerdem", fuhr Philippa fort, nachdem sie kurz innegehalten hatte, „habe ich mich kein bisschen verbessert." Wenn ich mich nicht für ihn entschieden hätte, wäre ich Lady Errand und eine tolle Sache, und jetzt bin ich nur noch Mrs. Basil South.' Als Philippa so sprach, weinte sie erneut und ließ sich nicht trösten.

Ihre Bemerkungen waren nicht gerade schmeichelhaft für mein Selbstwertgefühl.

Zu diesem Zeitpunkt spürte ich mit besonderer Bitterkeit die Lücken in Philippas Erinnerung. Nichts ist schwieriger, als Ihre Heldin nicht zu wütend, sondern gerade wütend genug zu machen.

Wäre Philippa anfangs etwas vernünftiger gewesen oder weniger unter dem Einfluss des Mittagessens gewesen, hätte sie Sir Runan entweder nie ermordet (was vielleicht die beste Vorgehensweise gewesen wäre), oder sie hätte gewusst, *wie* sie ihn ermordet hat.

Das völlige Fehlen von Informationen zu diesem Thema verstärkte meine Verwirrung noch.

Wäre Philippa andererseits ein bisschen verrückter gewesen oder hätte sie *mehr* unter dem Einfluss des Mittagessens gestanden, hätte nichts sie jemals an das Ereignis erinnern können.

So wie es ist, meine arme Frau (wenn sie meine Frau *wäre* , ein Thema, zu dem ich einem juristischen Zeitgenossen eine Monographie vorlegen möchte), meine arme Frau provozierte fast mit dem, was sie vergaß und woran sie sich erinnerte.

Terrasse umherschlich , fragte sie mich, ob ich *alle* Papiere gesehen hätte?

Ich sagte, ich hätte die meisten davon gesehen.

„Nun, schauen Sie sich sie *alle an* , denn wer weiß, wie viele von der gegenwärtigen Regierung boykottiert werden? In einem boykottierten Druck wissen Sie es nicht, aber vielleicht entgeht Ihnen der Bericht darüber, wie jemand für das, was ich getan habe, gehängt wurde. Ich glaube, dass nicht zwei Menschen für dasselbe Verbrechen hingerichtet werden können. Wenn sich nun jemand für Sir Runan einsetzt, bin *ich* in Sicherheit; aber es könnte passieren, und man weiß es nie.'

Liebe Philippa, immer fürsorglich für andere! Ich versprach, jeden einzelnen Aufsatz zu lesen, und wurde bald für die beispiellose Langeweile dieser Studien belohnt.

KAPITEL XI.
Eine schreckliche Versuchung.

Ich hasse es, zurückzublicken und Worte zu lesen, die ich geschrieben habe, als der Druckerteufel im Flur auf eine Kopie wartete, aber ich glaube, ich habe diese Geschichte irgendwo ein Geständnis genannt; wenn nicht, dann hatte ich es vor. Es hat genauso wenig Anspruch darauf, als Kunstwerk bezeichnet zu werden, wie der billigste Penny-Schrecken. Wie könnte es sein?

Es enthält nur zwei Charaktere, einen Mann und eine Frau.

Der Rest sind bloße Supers. Vielleicht wundern Sie sich, dass ich damit Kritik vorwegnehme; Aber das Schreiben von Rezensionen ist so einfach, dass ich es genauso gut damit füllen kann wie mit jeder anderen Art von Polsterung.

Mein Verleger besteht auf so vielen Seiten Text. Wenn er nicht bekommt, was er will, muss die Sprache, die reich und mächtig genug ist, um seine Bedürfnisse zu erfüllen, erst noch erfunden werden.

Aber mit Hilfe eines Wörterbuchs amerikanischer Schimpfwörter kämpft er sich weiter.

Wir kommen jedoch zu einem Schluss, und ich denke, das wird die Öffentlichkeit aufrütteln ! Und doch wird dieses Kapitel kurz sein. Es wird der Rückblick auf einen Kampf gegen die Versuchung sein, vielleicht kein Verbrechen, sondern eine Tat der gröbsten Geschmacklosigkeit zu begehen.

Dieser Versuchung erlag ich; wir sind beide unterlegen.

Es ist eine Versuchung, der die arme menschliche Natur meiner Meinung nach selten ausgesetzt war.

Die Versuchung, zu einem Mann, einem Mitgeschöpf, zu gehen, der wegen eines Verbrechens angeklagt wird, das die eigene Frau begangen hat und an dem man nachträglich beteiligt ist.

Oh, an diesem Morgen!

Wie gut ich mich daran erinnere.

Das Frühstück war gerade fertig , der Tisch mit *den* Resten duftender Brötchen und Pastetenterrine *stand* noch immer auf der *Terrasse* .

Ich war alleine. Ich bummelte träge und entspannt herum.

Dann zündete ich eine fürstliche *Havanna an* und machte mir Vorwürfe, dass ich die duftende Luft aus *dem Cuadro de Leicester entweiht hatte* .

Sie sehen, ich habe ein so sensibles ästhetisches Gewissen.

Dann holte ich die *Sporting Times aus meiner Tasche* und machte mich lustlos daran, die langen Kolumnen zu überfliegen.

Dies war auf mein Versprechen gegenüber Philippa zurückzuführen, dass ich jede in England veröffentlichte Zeitschrift lesen würde. Im Laufe des Tages saß ich oft mit ihnen bis zu meinen Schultern da und verstreute die ganze *Terrasse* .

Ich habe die Themen des Tages durchgearbeitet. Diese Szene ist übrigens eine „Unterstudie" der anderen Szene, in der ich von der Entdeckung von Sir Runans Hut lese. Schließlich wandte ich meine Aufmerksamkeit der Nachrichtenkolumne der Provinz zu . Ein Name, ein vertrauter Name, fiel mir auf; der Name von jemandem, der, wie ich mir so gern vorgestellt hatte, lange unbegraben in meinem Keller am Hecht gelegen hatte. Mein fürstliches *Havanna* fiel unbeachtet auf den Marmorboden der *Terrasse* , als ich mit unbeschreiblichem Erstaunen das folgende „Par" las.

„William Evans, der Mann, der des Mordes an Sir Runan Errand beschuldigt wird, wird am 20. vor dem Newnham Assizes vor Gericht gestellt." Der Fall, der bei der *Elite* von Boding und im Distrikt auf großes Interesse stößt, wird am ersten Tag des Treffens *bekannt gegeben*. Die Beweise werden rein indizienhafter Natur sein."

Jedes Wort dieses „Par" war umwerfend. Ich saß wie ein Mensch da, fassungslos, benommen, dumm, regungslos, den Blick auf das Laken gerichtet.

War der Mensch jemals zuvor in einer solchen Situation?

Ihre Frau begeht einen Mord.

Du wirst im Nachhinein zum Accessoire.

Sie unternehmen Schritte, um einen der beiden Menschen zu vernichten, die die Wahrheit vermuten.

Und dann stellen Sie fest, dass der Mann, den Sie ermordet haben, des Mordes beschuldigt wird, den Sie und Ihre Frau begangen haben.

Der Klang der Stimme meiner Mutter, die Philippa schimpfte, weckte mich aus meiner Benommenheit. Sie kamen.

Ich konnte ihnen nicht gegenübertreten.

Ich faltete die Zeitung zusammen, steckte sie in meine Tasche und rannte schnell aus der *Terrasse* .

Wohin ging ich? Ich kann mich kaum erinnern. Ich denke, es muss in einem der öffentlichen Gärten oder Gaststätten gewesen sein, ich bin mir nicht sicher, in welchem. Jeder Sinn für die Lokalität hat mich verlassen. Endlich fand ich einen einsamen Ort, und dort warf ich mich auf den Boden, grub meine Fingernägel in den trockenen Boden und hielt mich mit der ganzen Zähigkeit der Verzweiflung fest. Im wilden Wirbel meines Gehirns fürchtete ich, ich könnte in den unendlichen Raum geschleudert werden. Dieses Gefühl verging. Zuerst dachte ich, ich wäre verrückt geworden . Dann war ich mir ziemlich sicher, dass es die anderen Leute sein mussten, die verrückt geworden waren.

Ich hatte William Evans getötet.

Meine Frau hatte Runan Errand getötet.

Wie konnte Runan Errand dann von William Evans getötet worden sein?

„Was absurd ist", sagte ich in der Sprache von Eukleides, dem großen Altgriechischen.

Menschliche Gerechtigkeit! Was ist Gerechtigkeit? Sehen Sie, wie es irren kann! Gab es jemals solch einen grenzenlosen, grenzenlosen Fehler in den gesamten Annalen der Penny-Fiction? Wahrscheinlich nicht. Ich erinnere mich an nichts Vergleichbares auf allen gelehrten Seiten des *London Journal* und des *Family Herald* . Mrs. Henry Wood und Miss Braddon hätten nie von so etwas geträumt. Philippa *muss* es erzählt werden. Es war ein zu guter Witz. Würde sie lachen? Wäre sie beunruhigt?

Stellen Sie sich vor, wie ich auf dem Boden liege und die Intelligenz frisch im Kopf habe.

Ich hatte im Großen und Ganzen Vertrauen in Philippas Sinn für Humor .

Dann stieg die Versuchung.

Vertrauen Sie diesem Mann (William Evans, dem verstorbenen Sphynx) die gepriesene Gerechtigkeit an!

Lassen Sie ihn um sein Geld kämpfen.

Nein, mehr.

Gehen Sie hin und erleben Sie den Spaß!

Warum zögern? Sie können unmöglich in die Tat verwickelt sein. Sie werden eine nahezu einzigartige Position in der Geschichte der Menschheit genießen. Sie werden sehen, wie der Mann, dessen Mord Sie für schuldig gehalten haben, wegen der Straftat, von der Sie wissen, dass sie von Ihrer Frau begangen wurde, vor Gericht gestellt wird.

Jede Sünde ist nicht einfach. Mein Ehrgefühl erwachte gegen diese Versuchung. Ich kämpfte, aber ich wurde gemeistert. Ich *würde* mir den Prozess ansehen. Ich ging nach Hause und brachte Philippa das Thema zur

Sprache. Das tapfere Mädchen wurde nie rot. Sie hatte keine Bedenken, keine Skrupel, die es zu überwinden galt.

'Oh! „Basil", rief sie mit funkelnden Augen, „was, Larx !" Wann fangen wir an?'

Der Leser wird zugeben, dass ich mir selbst kein Unrecht getan habe, als ich zu Beginn dieser Geschichte sagte, ich hätte mich einem Verbrechen hingegeben.

KAPITEL XII.
Richter Juggins .

Am Morgen des 20. September kamen wir nach Newnham, wo die „Sizes"
stattfanden. Dort stellten wir fest, dass wir ein oder zwei Stunden Zeit hatten,
um uns zu erfrischen, und ich kann sagen, dass sowohl Philippa als auch ich
diese Zeit optimal genutzt haben. Während ich im Hotel war, versuchte ich,
die Akte der *Times zu bekommen* . Ich wollte zurückblicken und sehen, ob ich
den Bericht über das Gerichtsverfahren gegen den wirklich unglücklichen
William Evans finden konnte.

Sollte ich ihn schließlich als Pechvogel bezeichnen? Er war der Schlinge
entkommen, die ich ihm gelegt hatte, und vielleicht (solche Dinge gab es)
könnte sogar eine Newnham-Jury ihn für nicht schuldig erklären.

Aber die Akte der *Times* wurde nicht vorgelegt.

Ich habe den schläfrigen germanischen Kellner darum gebeten. Er
antwortete lediglich mit dem albernen herablassenden Grinsen des deutschen
Kellners :

„ Willst du ?"

„Ich will die Akte der Times!"

„Ich habe den Korkenzieher des guten Vermieters; aber die Akte der *Times*
habe ich nicht. Hast du deine Stiefel, deine Fischsoße, deinen Striegel?' Er
ging weiter. Dann verfällt er in irrelevanten lokalen Klatsch und sagt: „Die
Enkelin des Schmieds hat den Kescher des schlechten Schneiders."

„Ich möchte meine Rechnung, meine Notiz, meine *Ergänzung* , meine
Vollendung ", antwortete ich wütend.

„Sehr gutes Bett, sehr gutes Postpferd", antwortete er willkürlich, und ich
verließ das County Hotel, ohne herauszufinden, warum der Verdacht auf
„William Evans" gefallen war.

Wir riefen eines der Taxis an, die vor der Hoteltür standen, als eine schwere
Hand auf meine Schulter gelegt wurde und eine seltsame, aber nicht
unbekannte Stimme rief: „Dr. Süden, da ich ein Baron bin —'

Ich drehte mich plötzlich um und stand plötzlich vor mir

Sir Runan Botengang!

Mein Gehirn begann erneut zu schwanken. Hier kamen das wahre Opfer und
die wahren Täter eines Mordes zusammen, um sich den Prozess gegen den
Mann anzusehen, der beschuldigt wurde, den Mord begangen zu haben!

Obwohl ich wie ein Espenblatt zitterte? Ich erinnerte mich, dass wir in einem Zeitalter der „Telepathie" und der psychischen Forschung lebten.

Sir Runan war zweifellos das, was die Herren Myers und Gurney eine *sichtbare Erscheinung nennen* , im Unterschied zur gewöhnlichen *unsichtbaren Erscheinung* .

Wenn ein echter Richter wie Sir E. Hornby gesteht, einen Geist gesehen zu haben, warum sollte das nicht auch im Nachhinein eine bloße Mitwisserin sein?

Als ich meine Geistesgegenwart wiedererlangte, fragte ich: „Was führt Sie hierher?"

„Oh, um den Spaß zu sehen", antwortete er. „Der Kerl wird angeklagt, weil er mich getötet hat." Das morbide Interesse, das hier herrscht, ist sehr groß. Ich bezweifle, dass Sie die Vordersitze bekommen.'

„Kannst du das nicht für mich schaffen?" Ich fragte flehend.

„Ich wage zu behaupten, dass ich es kann. Hier, nehmen Sie meine Karte und nennen Sie einfach meinen Namen, dann werden Sie eingelassen. Die Argumente für die Anklage sind übrigens *höchst* dürftig.

Hier gab mir die Erscheinung eine Karte, nickte und verschwand in der Menge.

Ich kehrte nach Philippa zurück, wo ich sie im Vierrad zurückgelassen hatte. Wir fuhren los und standen vor einer doppelt schwingenden (ja, so bedrohlich es auch schien) , schlichten Eichentür, über der in alten englischen Buchstaben geschrieben stand:

STRAFGERICHT.

Ich brauche den Aspekt des Gerichts nicht zu beschreiben. Wahrscheinlich haben sich die meisten meiner Leser irgendwann in ihrem Leben an einem solchen Ort befunden.

Auf die Minute genau erscheint der rotgewandete Richter. Es ist Sir Joshua Juggins , bekannt für seine Strenge als „Gibbeting Juggins ".

Ah, es gibt wenig Hoffnung für William Evans.

Ich habe von einem Nachbarn vor Gericht erfahren, dass die Beweise gegen Evans reine Indizien sind. Es wurde festgestellt, dass er im Besitz eines besonderen Schlüssels war, der vermutlich Sir Runan gehörte.

Nun mögen sie die Argumente für die Anklage als schwach bezeichnen.

William muss den tödlichen Schlüssel gefunden haben, den Philippa dem Erschlagenen abgenommen hat.

Auf diesem Unfall beruht die gesamte Vermutung seiner Schuld.

Die Grand Jury (Herren vom Land – allesamt Idioten!) findet einen „wahren Gesetzentwurf".

Der Angestellte liest die Anklageschrift vor: „Er, William Evans, hat vorsätzlich, vorsätzlich und vorsätzlich Sir Runan Errand, Baronet, getötet und ermordet."

Während die Lesung weitergeht, ist Philippa seltsam bewegt.

„Basil", flüsterte sie, „siehst du nicht die großartige, beispiellose Chance für eine Anzeige!" Ich stehe auf, halte eine Rede und sage, dass *ich* es geschafft habe. Natürlich können sie es nicht beweisen, aber es wird alle zum Reden bringen und jeden Abend Hunderte von Pfund ins Haus bringen.'

Jetzt bemerkte ich, dass Philippa halb von ihrem Mantel und ihrer Haube abgerutscht war. Unter dieser Decke trug sie eine Perücke und ein Kleid, wie Mrs. Weldon auf den Fotos.

„Um Himmels willen, Philippa, *tu das nicht!*"' Ich flüsterte.

Der Angestellte wandte sich an William Evans, den Gefangenen der Anwaltskammer.

„Bist du schuldig oder nicht schuldig?"

In der Stille hätte man die Asche einer Zigarette fallen hören können, wenn jemand geraucht hätte.

Das lange Schweigen wurde gebrochen, aber nicht durch den Gefangenen.

Von Philippa!

Sie erhob sich zu ihrer stattlichen Größe und hielt sich mit ihren wallenden Gewändern in Schach. Dann ertönte ihre klare, tiefe Stimme : –

„Mylord, ich war die Partei, die es getan hat!"

„Ordnung im Gericht! Ordnung im Gericht!' riefen die Platzanweiser.

„Ich verpflichte dich! Ich verpflichte dich!' donnerte Lord Justice Juggins . „Nimm sie weg." Fünf Jahre und harte Arbeit .'

Philippa kämpfte heftig und wurde von den Lakaien des Gesetzes weggezerrt.

Ich bemerke, wie sich ein Besucher umdreht und den Tumult betrachtet.

Es ist Mrs. Thompson, die bärtige Frau.

Kaum ist die Stille wiederhergestellt, wird sie schon wieder gebrochen.

Eine männliche Gestalt erhebt sich. Eine tiefe Stimme ruft: –

„Mylord, der Gefangene ist unschuldig. *Ich* bin die Person, die er ermordet haben soll.'

Die Form, die Stimme – es ist Sir Runan Errand!

Wieder höre ich den scharfen Akzent von Mr. Justice Juggins .

„Ist dieses Gericht ein Bärengarten oder das Unterhaus?" Bringen Sie diesen Mann raus. Gib ihm fünf Jahre und zwei Dutzend Peitschenhiebe.'

Kaum hatte das Gericht seinen gewohnten Gang wieder aufgenommen, kaum war der Gefangene wieder zum Plädoyer aufgefordert worden, als eine schrille Stimme die Stille durchbrach.

„Mylord, der Schlüssel, der im Besitz des Gefangenen gefunden wurde, ist mein Kellerschlüssel."

Diesmal war die mutige Unterbrecherin Mrs. Thompson, die bärtige Frau.

„Fünf Jahre wie immer und harte Arbeit ", sagte Sir Joshua Juggins müde. Er war seiner Aufgabe überdrüssig. „Bitte, Mylord, es warnt mich nicht", flüsterte der Gefangene an der Bar heiser.

„Wer hat *Sie gebeten* , zu sprechen? Ist das die Art zu plädieren?' schnappte der Richter. „Geben Sie ihm auch fünf Jahre wegen Missachtung des Gerichts."

William Evans wurde hysterisch hingerichtet.

Die Handlung, das Geheimnis hatte sich verdichtet.

Ich hatte nun das Gefühl, dass es nur einen Weg gab, das Geheimnis des Verbrechens zu ergründen. Ich muss mich auch engagieren! Dann wäre ich in der Lage, mich wieder den anderen Schauspielern in diesem seltsamen Drama anzuschließen und ihre Motive und die wahren Fakten des Falles zu erfahren.

Einen Moment später war mein Entschluss gefasst.

Ich sprang auf und rief mit Klarinettentönen :

„Mylord, ich bin im Nachhinein ein Komplize."

Sir Joshua Juggins stieß einen verzweifelten Schrei aus. Dann beherrschte er sich und flüsterte:

„Nehmen Sie diesen Idioten weg und geben Sie ihm eine lebenslange Strafe."

Als ich in Ketten das Gericht verließ, hörte ich, wie der nächste Fall aufgerufen wurde.

KAPITEL XIII.
Geklärt. (Aus der „Green Park Gazette".)

Das berechtigte öffentliche Interesse am Nownham- Mysterium legte uns nahe, einen unserer jungen Männer nach unten zu schicken, um alle Parteien zu befragen. Nachdem er den Maori- König, Mrs. Weldon, mehrere angesehene Werbetreibende und die Besatzung der *Mignonette* besucht hatte , hatte er das Gefühl, dass seine derzeitige Aufgabe eine leichte sei. Er musste den Mörder William Evans sehen; die Mörderin, Mrs. South oder Lady Errand; das Accessoire im Nachhinein, Dr. South; das Opfer, Sir Runan Errand; und Mrs. Thompson, die Besitzerin des Schlüssels, von dem die Anklage abhing.

Seine Abenteuer in den verschiedenen Anstalten, in denen diese unglücklichen Menschen nicht eingesperrt sind, haben wenig öffentliches Interesse. Wir drucken die Geständnisse so ab, wie unser junger Mann sie in Stenografie aus den Lippen der Leidenden niedergeschrieben hat.

Das Geständnis von Sir Runan Errand.

„Ich brauche Ihnen nicht zu sagen, dass ich nie der Ehemann von Philippa war . Sie stand in keinerlei Beziehung zu mir, außer als eine der Personen in der *Truppe* , die ich dumm genug war zu leiten. Anstatt sie im letzten Januar zu besuchen, um ihre finanziellen Ansprüche gegen mich zu begleichen, schickte ich meinen Diener. Es scheint, dass der Mann einen alten Hut von mir trug, den er im Sturm verloren hatte. Das war nicht der einzige Gegenstand meines Eigentums, den er mitnahm. Ich habe seitdem einen Reuebrief von ihm erhalten. Es geht ihm in den Vereinigten Staaten gut und er wurde in die Legislative gewählt. Ich habe die Laune aufgegeben, mich im Showgeschäft zu versuchen, und unterhalte lediglich ein Privattheater in einer solchen Entfernung von menschlichen Wohnstätten, dass sich niemand darüber beschweren kann, es sei eine Belästigung. Seit dem Verschwinden meines Dieners reise ich mit meiner eigenen Jacht. Ich kam am Tag vor dem Prozess in England an. „Nein. Ich lese nie Zeitungen. Gott sei Dank bin ich kein Bücherwurm."

Das Geständnis von Philippa South, *die sich* Lady Errand nennt.

„Ich sage es dir noch einmal, wie ich es dir schon gesagt habe: Ich weiß nichts darüber, was ich in dieser Nacht getan habe. Gehen Sie zurück zu Ihren Arbeitgebern.'

Aus dieser Dame konnte man nichts herausholen, was mehr zu unseren Kolumnen passte.

Das Geständnis von Frau Thompson.

„Ich habe meinen Kellerschlüssel in der Nacht verloren, in der Philippa mein Dach verließ." Ich erkenne es jetzt als den Schlüssel im Besitz von William Evans. Wie er es bekommen hat, weiß ich überhaupt nicht.'

Das Geständnis von Basil South, MD

„Endlich beginne ich alles zu verstehen. Den Schlüssel, den ich Philippa in der Nacht des Sturms und des angeblichen Mordes abgenommen hatte, hatte sie nicht Sir Runan abgenommen.

„Sie hatte es aus dem Haus von Mrs. Thompson mitgebracht, bei der sie gewohnt hatte.

„Als ich einen Schlüssel wegwarf, von dem ich glaubte, dass er Philippa abgenommen hatte, machte ich einen Fehler."

„Ich habe einen meiner eigenen Schlüssel weggeworfen. Als ich dachte, ich würde William Evans den Schlüssel zu meinem Keller geben (mit fatalen Absichten und Absichten, in der Hoffnung, dass er den Inhalt dieses Kellers niemals überleben würde), gab ich ihm tatsächlich den Schlüssel, den ich Philippa abgenommen hatte.

„ Folglich würde der Schlüssel nicht in das Kellerschloss passen.

' Infolgedessen hat William Evans die tödliche Flüssigkeit nie gekostet und ist so seinem Untergang entgangen.

„Ich habe diesem Geständnis nichts hinzuzufügen, außer dass ich zutiefst reuig bin und nie wieder einer gedankenlosen Öffentlichkeit ein so absurdes, krankhaftes und inkohärentes Weihnachtsjahrbuch anbieten werde."

Diese letzte Aussage machte es unnötig, William Evans zu interviewen.

Alle anderen Personen in dieser düsteren Angelegenheit werden während des Unmuts Ihrer Majestät festgehalten.